1 CORINTIOS

Un manual para el varón de Dios

Loren VanGalder

Spiritual Father Publications

ISBN-10: 0-9982798-4-6

ISBN-13: 978-0-9982798-4-8

Contenidos

Introducción   1

1 Saludos *(1 Corintios 1:1-3)...3*

2 Corinto (Lo bueno, lo malo, y lo feo) *(1 Corintios 1:4-17)...7*

3 La locura de la cruz *(1 Corintios 1:18-31)...13*

4 Mito y realidad en la prédica *(1 Corintios 2:1-7, 14)...17*

5 Más de lo que tú puedes imaginar *(1 Corintios 2:8-15)...21*

6 ¿Entraré al cielo como quien pasa por el fuego?
(1 Corintios 3)...29

7 La lucha de un padre espiritual *(1 Corintios 4)...35*

8 Cómo responder al pecado en la iglesia *(1 Corintios 5)...39*

9 ¿Jueces en la iglesia? *(1 Corintios 6:1-11)...49*

10 Sexualidad santificada *(1 Corintios 6:12-20)...57*

11 El matrimonio y divorcio *(1 Corintios 7)...67*

12 La comida sacrificada a ídolos – lo que significa para ti
(1 Corintios 8)...83

13 Un obrero del Señor *(1 Corintios 9)...89*

14 Cómo no ser descalificado de la carrera *(1 Corintios 10:1-13)...99*

15 Ocho consejos para ayudarte a tomar decisiones sabias
(1 Corintios 10:23-11:1)...105

16 La Cena del Señor: ¿Estás celebrándola de una manera indigna?
(1 Corintios 10:14-22 y 11:17-34)...109

17 El orden de Dios para hombres y mujeres
(1 Corintios 11:2-16)...117

18 Dones Espirituales *(1 Corintios 12)...123*

19 Ustedes son el cuerpo de Jesús *(1 Corintios 12)...129*

20 Llegar a ser hombre *(1 Corintios 13)...135*

21 Ambiciona profecía *(1 Corintios 14)...143*

22 "Yo quisiera que todos ustedes hablaran en lenguas." (Pablo)
(1 Corintios 14)...151

23 El orden de Dios *(1 Corintios 14:26-40)...**161***

24 El mensaje y el mensajero   *(1 Corintios 15:1-11)...**167***

25   Que Dios sea todo en todos *(1 Corintios 15:12-34)...**175***

26 Tu cuerpo resucitado *(1 Corintios 15:35-58)...**181***

27 Ofrendas   *(1 Corintios 16:1-4)...**187***

28 Tu futuro está en las manos de Dios *(1 Corintios 16:5-12)...**191***

29   Pórtate varonilmente *(1 Corintios 16:13-24)...**197***

Introducción

A pesar del impresionante crecimiento, abundantes bendiciones y muchas manifestaciones del Espíritu Santo, hubo serios problemas en la iglesia de Corinto. Corregir esos problemas fue un desafío para Pablo: él plantó la iglesia, pero ellos no aceptaron su autoridad apostólica.

La revelación profunda que Pablo recibió y compartió sirve como una guía, un manual de cómo ser un fiel varón de Dios. Este libro no es un comentario; el propósito es hacer que el texto sea claro y aplicable a la vida diaria. Por desgracia, la visión radical de la iglesia y la vida cristiana en esta carta es bastante extraña a la experiencia actual de la mayoría de los creyentes.

Hay muchos temas delicados y controvertidos en 1 Corintios, pero más que nunca, hay que volver al fundamento y evaluar nuestras vidas e iglesias a la luz de la Palabra. Abre tu corazón y tu mente al Espíritu Santo, y prepárate para recibir alimento sólido del corazón de tu Padre.

1

Saludos

1 Corintios 1:1-3

¿Te gusta abrir un mensaje en WhatsApp o Facebook y encontrar una controversia o reproche? ¡Claro que no! Aunque Pablo tiene que tocar algunos temas muy difíciles en esta carta, él empieza con un saludo y las cosas positivas de esta iglesia.

¹Pablo, llamado por la voluntad de Dios a ser apóstol de Cristo Jesús, y nuestro hermano Sóstenes,

¿Quién es este Pablo?

Pablo se identifica como el autor, junto con un hermano llamado Sóstenes. ¿Qué comunica Pablo acerca de su identidad?

- Fue llamado. No decidió ser cristiano ni apóstol. Dios nos *llama* a la obediencia y al arrepentimiento. Pocos buscan a Dios; Dios nos busca a nosotros. Si respondemos a ese llamado o nos resistimos, es nuestra decisión. Y tú, ¿has aceptado el llamado de Dios para seguir a Jesucristo?

- Dios también nos llama a una tarea específica en la iglesia. El llamado de Pablo fue por el apostolado, enviado por Jesús para establecer y supervisar iglesias. Junto con el llamado viene la autoridad de Cristo, que Pablo va a ejercer en esta carta. ¿Sabes cuál es tu llamado? ¿Estás trabajando en ello? ¿Estás experimentando la autoridad de Dios cuando ministras en tu llamado?

- Pablo puede escribir con autoridad y confianza porque sabe que su vocación es la voluntad de Dios. Dios tiene un plan, un propósito, para toda la historia. Su voluntad es suprema. El clamor del corazón del creyente es: "Hágase tu voluntad, que venga tu reino." ¿Quieres conocer la voluntad de Dios para tu vida? ¿Estás seguro de que estás en su voluntad ahora?

- Jesucristo es su Maestro y Señor. Pablo quiere exaltar a Jesús en todo. Está completamente sometido a la voluntad y al llamado de Dios, lo que lo impulsa a escribir esta carta difícil.

- No trabaja solo. Siempre está acompañado por alguien a quien está discipulando u otro apóstol.

Los receptores de la carta

² a la iglesia de Dios que está en Corinto, a los que han sido santificados en Cristo Jesús y llamados a ser su santo pueblo, junto con todos los que en todas partes invocan el nombre de nuestro Señor Jesucristo, Señor de ellos y de nosotros:

La carta está dirigida a la iglesia en Corinto, pero la enseñanza es para la iglesia universal. Tendemos a pensar en Jesús como nuestro salvador personal, y así es, pero Dios está preparando un cuerpo, un pueblo de discípulos. Pablo no dirige la carta al pastor ni a los ancianos; Dios trabaja con nosotros como pueblo, como iglesia. Es muy importante ser parte de una iglesia local.

Hay muchas cosas que Pablo puede decir acerca de la iglesia, pero aquí escoge dos cosas importantes:

- Han sido santificados en Cristo Jesús. Cuando aceptaron a Cristo y se unieron a Él, se separaron del mundo, se purificaron y se establecieron como un pueblo distinto. Vamos a ver que estaban confundidos acerca de esta santidad. Si tú estás en Cristo, has sido santificado. ¿Entiendes lo que eso significa? ¿Estás caminando en santidad?

- No es solo una cuestión de santidad personal; están llamados a ser un pueblo santo. Dios ya ha hecho la obra en nosotros, pero aún no hemos llegado. No somos perfectos. Tenemos el llamado y sabemos cuál es el objetivo, pero aún estamos en el proceso. Es parte de la tensión de la vida actual en este mundo. Por desgracia, los corintios no eran un pueblo tan santo. Pablo los alentará a una vida más santa, a cuadrar su experiencia diaria con lo que Dios ya ha hecho en ellos.

Jesucristo es la fuente de unidad entre los creyentes. Él es la cabeza del cuerpo y debe ocupar su lugar como Señor de cada individuo (y del cuerpo) para lograr esa unidad. Debemos experimentar lazos de amor, ya que todos tenemos al mismo Señor.

Una bendición

3 Que Dios nuestro Padre y el Señor Jesucristo les concedan gracia y paz.

No son meras palabras; hay poder en una bendición. Ten en cuenta que el Padre y el Señor Jesús son personas distintas, pero ambos son divinos, con el poder de conceder gracia y paz, que solo Dios puede dar. Pablo sabe que cuando lean las palabras fuertes de esta carta, van a necesitar esa paz y gracia (el favor inmerecido de Dios) para ponerlas en práctica.

2

Corinto: Lo bueno, lo malo y lo feo

1 Corintios 1:4-17

Lo bueno: Acción de gracias por lo que Dios ha hecho

Pablo casi siempre comienza sus cartas con acción de gracias, algo positivo, antes de criticar. Es fácil ir directamente al problema y ofrecer una solución. Es posible que lo hayas intentado con tu esposa. ¡Espérate! Primero, párate y piensa en lo bueno de la relación, y enfócate en lo positivo. ¡Sigue el ejemplo de Pablo con tu cónyuge, familia y hermanos en la iglesia!

⁴ Siempre doy gracias a Dios por ustedes, pues él, en Cristo Jesús, les ha dado su gracia. ⁵ Unidos a Cristo ustedes se han llenado de toda riqueza, tanto en palabra como en conocimiento. ⁶ Así se ha confirmado en ustedes nuestro testimonio acerca de Cristo, ⁷ de modo que no les falta ningún don espiritual mientras esperan con ansias que se manifieste nuestro Señor Jesucristo. ⁸ Él los mantendrá firmes hasta el fin, para que sean irreprochables en el día de nuestro Señor Jesucristo. ⁹ Fiel es Dios, quien los ha llamado a tener comunión con su Hijo Jesucristo, nuestro Señor.

¡Este breve párrafo está lleno!

- Pablo siempre agradece a Dios por ellos. Mantén esa actitud de gratitud hacia tu familia e iglesia imperfectas.

7

- Tenían una relación complicada y a menudo difícil, algo similar a la relación padre-hijo. Pablo los amaba, pero también sufrió por su pecado y el rechazo de su autoridad.
- Recibimos la gracia de Dios a través de Jesucristo, en relación con Él.
- Somos unidos a Cristo. Fluyendo de esa unidad, Dios ya nos ha llenado con toda riqueza. ¿Te sientes rico? ¡No busques las riquezas del mundo! Ya tienes toda riqueza, en palabra y conocimiento. Ahora hay que descubrir y desarrollar esas riquezas.
- Pablo les había testificado acerca de lo que Cristo hace, y ese testimonio ha sido confirmado en ellos. Su testimonio incluyó los dones espirituales que Cristo reparte a sus discípulos; no había falta de ellos entre los corintios. ¿Hay abundancia de dones en tu iglesia?
- También vivían con la esperanza de un reino venidero, de la venida de Jesucristo. Jesús ya está presente entre nosotros, pero se manifestará cuando regrese. ¿Estás esperando ansiosamente su venida? ¿O estás tan cómodo en este mundo que no piensas mucho en el cielo?
- A pesar de todos sus problemas, Pablo confía en que Cristo los mantendrá firmes hasta el final. ¡Qué promesa preciosa! ¡Cristo es por ti! Solo Cristo te mantendrá firme; tú no puedes hacerlo con tu propia fuerza.
- Cristo quiere que tú seas irreprochable cuando venga. Está trabajando ahora para preparar a su novia.
- Pablo ya dijo que fueron llamados a ser un pueblo santo; ahora dice que son llamados a tener comunión con Jesús. *Quienes somos*, en relación con Dios, es más importante que *lo que hagamos*. ¿Cómo está tu comunión con Cristo?

- Podemos ser infieles, pero Dios es fiel.

Lo malo: Divisiones en la iglesia

A pesar de todas estas bendiciones, no todo está bien en la iglesia: no hay unidad; hay divisiones en el cuerpo de Cristo.

[10] Les suplico, hermanos, en el nombre de nuestro Señor Jesucristo, que todos vivan en armonía y que no haya divisiones entre ustedes, sino que se mantengan unidos en un mismo pensar y en un mismo propósito.

Ésta es la súplica de Pablo por cada iglesia:

- Que todos vivan en armonía, que estén de acuerdo.
- Que no haya divisiones entre los hermanos.
- Que se mantengan unidos.
- Que tengan un mismo pensar.
- Que tengan un mismo propósito.

Suena como la oración de Jesús en Juan 17. Allí, el Hijo de Dios estuvo suplicando no solo por una iglesia, sino por toda la iglesia. ¡Imagina la potencia de la iglesia si tuviéramos el mismo propósito!

- ¿Por qué actuamos como si fuese imposible?
- ¿Por qué hay cristianos sospechosos de otros creyentes que promuevan la unidad?
- ¿Compartes la carga de Pablo por la unidad de la iglesia?
- ¿Cómo está la unidad en tu iglesia?
- ¿Qué estás haciendo para fomentar la unidad (u obstaculizarla) en tu iglesia y con otras iglesias?

[11] Digo esto, hermanos míos, porque algunos de la familia de Cloé me han informado que hay rivalidades entre ustedes.

En la prisión se llama "chota". Nadie estima a un chismoso. El apóstol o el pastor debe saber lo que está sucediendo en la iglesia, pero ¡Ten cuidado!

- Discierne bien el espíritu de la persona que lleva la información.
- Cuidado con el favoritismo.
- Busca una confirmación de alguien confiable.
- No des lugar al chisme.

[12] *Me refiero a que unos dicen: «Yo sigo a Pablo»; otros afirman: «Yo, a Apolos»; otros: «Yo, a Cefas»; y otros: «Yo, a Cristo.»* [13] *¡Cómo! ¿Está dividido Cristo? ¿Acaso Pablo fue crucificado por ustedes? ¿O es que fueron bautizados en el nombre de Pablo?*

Me parece que hay rivalidades en la mayoría de las iglesias:

- Entre aquellos que quieren ser líderes del equipo de adoración.
- Entre los diáconos o los ancianos.
- Competencia para ser el mejor predicador u orar con más fervor.

¡Que Dios nos libere de esas rivalidades!

En este caso, la rivalidad se centraba en la lealtad a un apóstol. Los "más espirituales" dijeron que solo seguían a Jesús y no a ningún hombre. ¿No es esta la situación en la iglesia hoy? Hay un sinnúmero de apóstoles, y cada uno tiene sus seguidores. Me parece que hay más lealtad hacia hombres (y menos unidad) que nunca.

Es una tentación para el predicador exitoso sentirse orgulloso de todos sus seguidores, su sitio web y su programa en la televisión.

A él le gusta cuando alguien dice "yo voy a la iglesia del tal y tal". ¡No tomes el lugar de Jesucristo! ¡Es su iglesia! ¡Es su cuerpo!

[14] Gracias a Dios que no bauticé a ninguno de ustedes, excepto a Crispo y a Gayo, [15] de modo que nadie puede decir que fue bautizado en mi nombre. [16] Bueno, también bauticé a la familia de Estéfanas; fuera de éstos, no recuerdo haber bautizado a ningún otro. [17] Pues Cristo no me envió a bautizar sino a predicar el evangelio, y eso sin discursos de sabiduría humana, para que la cruz de Cristo no perdiera su eficacia.

Cuando llenamos nuestra predicación y nuestros libros con discursos de sabiduría humana, la cruz de Cristo pierde su eficacia.

Jesús no bautizó a nadie, pero nos mandó a nosotros a bautizar. Pablo sabía que no fue llamado a bautizar, y él mismo bautizó a muy pocos. Siempre tenía varios hermanos para ayudarlo, o los líderes de la iglesia local bautizaron. En este caso, fue provechoso, porque estaba más claro que fueron bautizados en identificación con Jesús, y no con Pablo. Evita todo lo que te llame la atención a ti mismo.

Lo feo

Vemos en esta introducción un corazón cargado. Pablo ama a esta iglesia. Está muy agradecido por su crecimiento y todo lo que Cristo ha hecho por ellos, pero sabe que sus divisiones apagan al Espíritu, y conoce muchos otros problemas que abordará en esta carta. Debajo de la fachada de la espiritualidad, los corintios están feos. Podemos tener mucha confianza, pero podríamos estar realmente en una situación muy peligrosa. ¿Podría ser que estemos tan feos como los corintios?

1 Corintios 1:18-31

¹⁸ Me explico: El mensaje de la cruz es una locura para los que se pierden; en cambio, para los que se salvan, es decir, para nosotros, este mensaje es el poder de Dios. ¹⁹ Pues está escrito:

«Destruiré la sabiduría de los sabios;
   frustraré la inteligencia de los inteligentes.»

²⁰ ¿Dónde está el sabio? ¿Dónde el erudito? ¿Dónde el filósofo de esta época? ¿No ha convertido Dios en locura la sabiduría de este mundo? ²¹ Ya que Dios, en su sabio designio, dispuso que el mundo no lo conociera mediante la sabiduría humana, tuvo a bien salvar, mediante la locura de la predicación, a los que creen. ²² Los judíos piden señales milagrosas y los gentiles buscan sabiduría, ²³ mientras que nosotros predicamos a Cristo crucificado. Este mensaje es motivo de tropiezo para los judíos, y es locura para los gentiles, ²⁴ pero para los que Dios ha llamado, lo mismo judíos que gentiles, Cristo es el poder de Dios y la sabiduría de Dios. ²⁵ Pues la locura de Dios es más sabia que la sabiduría humana, y la debilidad de Dios es más fuerte que la fuerza humana.

²⁶ Hermanos, consideren su propio llamamiento: No muchos de ustedes son sabios, según criterios meramente humanos; ni son muchos los poderosos ni muchos los de noble cuna. ²⁷ Pero Dios escogió lo insensato del mundo para avergonzar a los sabios, y escogió lo débil del mundo para avergonzar a los poderosos. ²⁸ También escogió Dios lo más bajo y despreciado, y lo que no es nada, para anular lo que es, ²⁹ a fin de que en su presencia nadie pueda jactarse. ³⁰ Pero gracias a él ustedes están unidos a Cristo Jesús, a quien Dios ha hecho nuestra sabiduría —es decir, nuestra justificación, santificación y redención— ³¹ para que, como está escrito: «Si alguien ha de gloriarse, que se glorie en el Señor.»

3

La locura de la cruz

1 Corintios 1:18-31

Nosotros los cristianos estamos en un dilema. Predicamos lo que al mundo es locura: pecado, arrepentimiento, sacrificio y santidad. Así que a veces sentimos la presión de acomodar el mensaje al mundo, de ser aceptados por ellos. Queremos música que suene como la música del mundo y cultos espectaculares que sean como los mejores conciertos del mundo. Queremos predicar un mensaje que tenga sentido para el mundo, con un énfasis en cómo Cristo va a mejorar la vida. Queremos riquezas y todos los juguetes del mundo. Al final, no hay mucha diferencia entre la iglesia y el mundo.

Lo insensato, débil, y despreciado

Algo no cuadra. La mayoría de la gente rica, poderosa y religiosa no seguía a Cristo cuando Él andaba en la tierra. Pablo dijo en el verso 26: *Hermanos, consideren su propio llamamiento: No muchos de ustedes son sabios, según criterios meramente humanos; ni son muchos los poderosos ni muchos los de noble cuna.*

Esto es lo que Dios escoge:

- Lo insensato del mundo
- Lo débil del mundo
- Lo más bajo y despreciado
- Lo que es nada (vv. 27-29)

13

¡Qué raro! ¿Por qué Dios hace eso?

- Para avergonzar a los sabios
- Para avergonzar a los poderosos
- Para anular lo que es
- A fin de que en su presencia nadie pueda jactarse (los mismos versos 27-29)

La sabiduría de Dios

Hoy queremos la aprobación de los sabios. Queremos ser fuertes. Queremos la bendición y los beneficios de los poderosos. No queremos anular lo que es, sino participar en ello. ¡Pero es mucho mejor gloriarse en el Señor Jesús! Mira lo que Dios nos ofrece si nos humillamos para aceptarlo.

- Sabiduría de Dios
- Justificación (nos perdona y restaura nuestra relación consigo)
- Santificación (nos hace puros)
- Redención (paga el precio necesario para rescatarnos del castigo por el pecado)
- Unión con Cristo (v. 30)

¿Es por casualidad que no escuchas muchas predicaciones sobre estas cosas? Muchos creen que no se aplican a este mundo tan sofisticado y no quieren saber nada de ellas. Los pastores temen perder mucha gente a las iglesias que predican la prosperidad. Muchos cristianos no saben lo que significa ser justificados. Vivimos en un mundo que piensa que es muy sabio y llena Internet con su sabiduría, pero Dios quiere destruir la sabiduría de los sabios y frustrar la inteligencia de los inteligentes (v. 19).

Hay muchos eruditos y filósofos con sus consejos sobre cómo vivir. Muchos de ellos están en la televisión e internet. Y, otra vez, los cristianos acomodan el evangelio a sus enseñanzas. Muchos cristianos están casi avergonzados de la Biblia; piensan que es anticuada y fuera de moda. Así que no predican mucho de ella. Algunos cristianos lo hacen peor, usando traducciones de la Biblia con palabras anticuadas.

Cristo crucificado

La situación era la misma en los días de Pablo. Los judíos pedían señales, como mucha gente actualmente quiere milagros o alguna evidencia de que el mensaje es verdadero y funciona en la vida diaria. Los gentiles buscaban sabiduría, y todavía quieren la sabiduría del mundo (v. 22). ¡Pero Dios ha convertido en locura la sabiduría de este mundo (v. 20)! No es posible conocer a Dios mediante la sabiduría humana (v. 21). Es cierto que Dios quiere confirmar su palabra con señales y prodigios, y también que se encuentra la sabiduría más profunda en la Biblia, pero Pablo nunca perdió el enfoque del mensaje de la cruz. Para aquellos que se pierden (la mayoría del mundo), ese mensaje es locura y motivo de tropiezo. El mundo desprecia el mensaje principal del evangelio: Cristo crucificado. Pero la locura de Dios es más sabia que la sabiduría humana, y la debilidad de Dios es más fuerte que la fuerza humana (v. 25).

Que Dios te dé una visión clara de lo que está sucediendo en tu iglesia y en tu vida. Más que nunca, este mundo necesita a Cristo. Al Cristo crucificado. Al Cristo de la Biblia.

- Dios sigue llamando a la gente (v. 24).
- Dios todavía usa la locura de la predicación para aquellos que tienen fe (v. 21). Ese mensaje es el poder de Dios (v. 18).
- Para ellos, Cristo es el poder de Dios y la sabiduría de Dios (v. 24).
- Para el creyente, el poder de Dios y la sabiduría de Dios son una persona, el Señor Jesucristo (v. 24). No es un

método complicado de vivir, ni la tecnología del mundo, sino una relación íntima con el Hijo de Dios.

Hemos perdido el poder del evangelio porque queremos acomodarnos al mundo. No tenemos que fabricar apariencias de poder, como es común en muchos cultos cristianos. Tú verás el poder de Dios para salvar, liberar y sanar si vuelves a lo que Dios ha ordenado. Necesitamos un gran avivamiento. Predica la locura de la cruz. Durante 2000 años, ha desatado el poder de Dios.

4

Mito y realidad en la prédica

1 Corintios 2:1-7, 14

¹Yo mismo, hermanos, cuando fui a anunciarles el testimonio de Dios, no lo hice con gran elocuencia y sabiduría. ²Me propuse más bien, estando entre ustedes, no saber de cosa alguna, excepto de Jesucristo, y de éste crucificado. ³Es más, me presenté ante ustedes con tanta debilidad que temblaba de miedo. ⁴No les hablé ni les prediqué con palabras sabias y elocuentes sino con demostración del poder del Espíritu, ⁵para que la fe de ustedes no dependiera de la sabiduría humana sino del poder de Dios. ⁶En cambio, hablamos con sabiduría entre los que han alcanzado madurez, pero no con la sabiduría de este mundo ni con la de sus gobernantes, los cuales terminarán en nada. ⁷Más bien, exponemos el misterio de la sabiduría de Dios, una sabiduría que ha estado escondida y que Dios había destinado para nuestra gloria desde la eternidad. ¹⁴El que no tiene el Espíritu no acepta lo que procede del Espíritu de Dios, pues para él es locura. No puede entenderlo, porque hay que discernirlo espiritualmente.

¿Era Pablo un buen predicador? Según la cantidad de gente que vino a Cristo, las iglesias que él estableció y el impacto duradero de sus escritos, parece que la respuesta tiene que ser "sí". Sin embargo, parece que este capítulo viola nuestro concepto de la buena predicación. ¿Tal vez nosotros lo tengamos mal? Aquí están algunos de los mitos comunes y la realidad, según Pablo.

Mito: Es importante presentarse confiado, estar bien preparado y con palabras poderosas.

Realidad: *Me acerqué a ustedes en debilidad: con timidez y temblor* (v. 3, NTV).

Me parece extraño que Pablo tuviera tal debilidad. Algunos han dicho que fue por alguna enfermedad. ¿Hay veces en que tienes miedo de predicar, o incluso de evangelizar a tu vecino? ¡Está bien! ¡Recuerda a Pablo predicando a los corintios y temblando de miedo! ¡Pero no dejes que ese temor te impida predicar!

Mito: Hay mucha competencia entre las iglesias, y muchos ven a grandes predicadores en la televisión, así que tenemos que predicar con gran elocuencia o vamos a perder a nuestra audiencia.

Realidad: *Y mi mensaje y mi predicación fueron muy sencillos. En lugar de usar discursos ingeniosos y persuasivos, confié solamente en el poder del Espíritu Santo* (v. 4, NTV).

¿Cuál prefieres? Claro que es bueno preparar un mensaje y comunicarlo bien, pero lo más importante es la demostración del poder del Espíritu. Todas las predicaciones registradas en Hechos son muy simples. Escucha otra vez las predicaciones de grandes hombres de Dios. Son muy simples, pero con mucha demostración del poder del Espíritu. Me parece que hoy dependemos demasiado de la computadora, la pantalla y las historias. ¡Aun peor, ahora está entrando la inteligencia artificial! Faltan verdaderas demostraciones del poder del Espíritu. Haz tu mejor esfuerzo, pero sobre todo, busca la unción de Dios para que puedas predicar con ese poder. Eso es lo que realmente va a tocar a la gente y cambiar vidas.

Mito: La fe es algo que nosotros tenemos que fomentar y declarar para recibir algo de Dios.

Realidad: La fe viene por el oír, y el oír por la Palabra de Dios. Pablo predicó buscando una demostración del poder del Espíritu *para que la fe de ustedes no dependiera de la sabiduría humana sino del poder de Dios* (v. 5).

Los que quieren impartir una fe que depende de la sabiduría humana, los que llaman la atención sobre sí mismos, los que hablan de riquezas y de las muchas cosas que la persona recibirá por fe, no están comunicando la verdadera fe. Pablo estaba feliz predicando en su debilidad, porque él quería que Dios recibiera toda la gloria y que el poder de Dios verdaderamente se manifestara. Con la banda, el humo, el drama, las luces y el entretenimiento en la predicación que tenemos hoy, no hay lugar para el poder de Dios.

Mito: Todos ya han escuchado el evangelio. Tengo que traer una nueva revelación, algo único de la Biblia, si voy a atraer gente a mi iglesia.

Realidad: *Me propuse más bien, estando entre ustedes, no saber de cosa alguna, excepto de Jesucristo, y de este crucificado* (v. 2).

¡Y Pablo tenía mucho conocimiento! Claro que podemos predicar desde toda la Biblia, pero la triste realidad es que en la mayoría de las predicaciones que yo escucho hoy, el predicador habla muy poco de la Biblia y no habla mucho sobre Jesús. Si queremos poder, tenemos que predicar la pura Palabra, predicar a Cristo y predicar la cruz.

Dicho eso, Pablo también dice que él habla con sabiduría entre los que han alcanzado la madurez. Pero no es la sabiduría de este mundo (la que se escucha mucho en la iglesia hoy), sino la sabiduría de Dios, que tiene su enfoque en el Espíritu Santo (vv. 6-7).

Mito: Si utilizo las palabras del mundo y hablo de una manera que los jóvenes entienden, ellos recibirán la palabra. Tengo que acomodarles el evangelio.

Realidad: *El que no tiene el Espíritu no acepta lo que procede del Espíritu de Dios, pues para él es locura. No puede entenderlo, porque hay que discernirlo espiritualmente* (v. 14).

El predicador tiene que trabajar junto con el Espíritu Santo. Si Dios no abre los oídos de los oyentes, el mensaje será una locura. Es por eso que Jesús dijo muchas veces: El que tenga oídos para oír, que escuche y entienda. Para muchos, su enseñanza era locura. Por supuesto, hay predicadores que predican locuras porque no saben lo que están predicando. Pero no te preocupes si estás predicando la pura Palabra y muchos no la reciben; incluso pueden decir que es locura. Ayuda a tu iglesia a experimentar la plenitud del Espíritu, para que puedan discernir la verdad espiritualmente.

5

Más de lo que tú puedes imaginar

1 Corintios 2:8-15

⁸ Ninguno de los gobernantes de este mundo la entendió, porque de haberla entendido no habrían crucificado al Señor de la gloria. ⁹ Sin embargo, como está escrito:

«Ningún ojo ha visto,
  ningún oído ha escuchado,
ninguna mente humana ha concebido
  lo que Dios ha preparado para quienes lo aman».

¹⁰ Ahora bien, Dios nos ha revelado esto por medio de su Espíritu, pues el Espíritu lo examina todo, hasta las profundidades de Dios.

¡No confíes en tus sentidos!

Si tú confías en tus ojos, oídos o mente, tú podrías hacer algo similar a lo que hicieron los líderes políticos y religiosos alrededor del 30 d.C.: clavar al Hijo de Dios en una cruz y matarlo. No los disculpa, pero Pablo dice que lo hicieron en ignorancia. Si sólo hubieran entendido, nunca habrían cometido un acto tan horrible. Pero, por cierto, el sacrificio necesario para nuestros pecados nunca habría sido ofrecido. ¿No te alegras de que Dios pueda usar las cosas que nosotros hacemos en la ignorancia? ¿Alguna vez has actuado tontamente? Tal vez no entendiste los sentimientos de tu esposa y mataste a su espíritu con palabras crueles, o con tu silencio. O tomaste una decisión sin comprender

21

completamente las consecuencias, y lastimaste a un ser querido, a la misma vez que perdiste dinero y credibilidad.

Corres el riesgo de cometer el mismo error en la esfera espiritual. Las mentes más brillantes se han unido para teologizar sobre cómo terminará el mundo, cómo la soberanía absoluta de Dios descarta la posibilidad de apartarse de Cristo, o cómo las Escrituras que no les agradan ya no se aplican hoy. En lugar de caminar por la fe, andamos por la vista; terminamos llenos de miedo y juzgamos mal a otras personas. Nos metemos en peleas con los que más amamos, porque respondemos a las palabras de enojo que escuchamos, en lugar de escuchar sus corazones.

Si dependes de tu intelecto y tus sentidos, vas a luchar con esta carta a los Corintios y con la vida cristiana.

Tres verdades fundamentales en este pasaje:

1. Dios ha preparado algo más allá de la comprensión —¡para ti!

2. Hay una condición para recibirlo: tienes que amar a Dios. Después de todo, ese es el primer y más importante mandamiento. La palabra griega que Pablo usa aquí para amor es *ágape*; el amor incondicional de Dios. Es posible que pensara en el contexto de la cita de Isaías 64:4, donde dice de Dios: *"quien actúa a favor de los que esperan en él". Tú recibes a quienes hacen el bien con gusto; a quienes siguen caminos de justicia."* ¿Dirías que amas a Dios? ¿Cómo puedes estar seguro? Jesús dijo que si lo amas, vas a obedecerlo. Al igual que con tu esposa: si repetidamente menosprecias sus deseos o te niegas a hacer algo que es importante para ella, ¿cuánto realmente la amas?

3. Lo que Dios ha preparado no es bien conocido; solo nos damos cuenta de ello a través de la revelación del Espíritu.

¿Estás emocionado y animado por saber que Dios tiene algo tan increíble preparado y listo para ti? ¿Tienes curiosidad por averiguar qué es?

10 El Espíritu lo examina todo, hasta las profundidades de Dios. 11 En efecto, ¿quién conoce los pensamientos del ser humano sino su propio espíritu que está en él? Así mismo, nadie conoce los pensamientos de Dios sino el Espíritu de Dios. 12 Nosotros no hemos recibido el espíritu del mundo sino el Espíritu que procede de Dios, para que entendamos lo que por su gracia él nos ha concedido.

¡Dios te da comprensión!

Crucificaron a Jesús porque carecían de comprensión, pero ¡el Espíritu de Dios te da esa comprensión! Jesús dijo: *el Consolador, el Espíritu Santo, a quien el Padre enviará en mi nombre, les enseñará todas las cosas y les hará recordar todo lo que les he dicho; Él los guiará a toda la verdad* (Juan 14:26; 16:13). ¡Ahora tienes la pista interior para discernir los pensamientos más íntimos de Dios! ¡Eso es mejor que toda la inteligencia que el gobierno y las empresas de tecnología tienen sobre nosotros! Imagínate los beneficios de:

- Conocer los pensamientos de Dios
- Pensar como Él piensa
- Ver las cosas desde su punto de vista
- Saber qué hacer en cualquier situación

A lo largo de la historia, algunos siempre han reclamado un conocimiento especial y secreto sobre Dios, que ha dado origen a muchas herejías y sectas (como el gnosticismo en la iglesia primitiva). Pero aquí nos dice que incluso las cosas más profundas acerca de Dios son reveladas a cualquier creyente por el Espíritu. Sabemos que a Dios le encanta revelarse a sí mismo: en la creación, en las Escrituras y en Jesucristo. Tiene sentido: si te adoptó como hijo, también te incluirá en su círculo más íntimo y compartirá su corazón contigo. El Espíritu da conocimiento y también la comprensión y la sabiduría para usarlo correctamente. Dios es un dador y libremente te dará todo lo que Él sabe que eres capaz de manejar.

Hay otro gran beneficio para el creyente lleno del Espíritu: el Espíritu todo lo escudriña. Él sabe lo que está sucediendo dentro de cada persona. Ciertamente, no te revela los pensamientos de otros para fines egoístas o para satisfacer tu curiosidad, pero te dará comprensión y discernimiento cuando estés orando acerca de una decisión de casarte o entrar en un acuerdo comercial. Es difícil averiguar lo que está sucediendo dentro de otra persona, pero cuando caminas íntimamente con el Espíritu, Él te dará ojos espirituales para discernir su corazón.

[13] Esto es precisamente de lo que hablamos, no con las palabras que enseña la sabiduría humana sino con las que enseña el Espíritu, de modo que expresamos verdades espirituales en términos espirituales. [14] El que no tiene el Espíritu no acepta lo que procede del Espíritu de Dios, pues para él es locura. No puede entenderlo, porque hay que discernirlo espiritualmente.

Dios te enseña a hablar

¿Alguna vez te has metido en un problema porque dijiste algo estúpido? ¿Quién no? La Biblia habla extensamente sobre los problemas que causan nuestras lenguas y lo difícil que es controlarlas. Gracias a Dios, además de ayudarte a discernir los pensamientos de Dios, el Espíritu puede enseñarte a hablar. Te ayudará a discernir conscientemente si lo que estás diciendo está más acorde con la sabiduría humana o con el corazón de Dios. No es fácil, porque muchas veces veremos que nuestro discurso es falso, egoísta y manipulador.

Por desgracia, cuando hablas de esta manera, algunas personas no te comprenderán o pueden pensar que estás loco. Incluso hay personas en la iglesia que carecen de discernimiento espiritual y no podrán aceptar lo que dices. No descartes a alguien por no tener al Espíritu solo porque no está de acuerdo contigo. Es importante dejar que el Espíritu escudriñe tu propio corazón y revele tus pensamientos internos. Sin embargo, la respuesta de otros a la verdad espiritual puede dar una idea de su relación con Dios.

15 En cambio, el que es espiritual lo juzga todo, aunque él mismo no está sujeto al juicio de nadie.

El hombre espiritual juzga todo

¿Qué significa que tú no estás "sujeto al juicio de nadie"? Pablo probablemente está pensando principalmente en la incapacidad de los incrédulos para hacer juicios correctos, ya que no tienen el Espíritu de Dios. Cuando tú caminas cerca del Señor, no serán tan problemáticas las opiniones de otros, porque lo que realmente importa es la opinión de Dios. Pero ten cuidado de ser tan "espiritual" que arrogántemente resistas la corrección de un hermano, o ignores su "juicio" porque no estás sujeto a ello. El hombre espiritual también tiene un corazón humilde y sumiso, y da la bienvenida a la corrección.

El juzgar es malentendido por muchos. Casi todos conocen lo que Jesús dijo: No juzguéis para que no sean juzgados (Mateo 7:1-2). Pero más adelante en esta misma carta, Pablo habla de creyentes en preparación para juzgar a los ángeles y otros en la eternidad. Hay una diferencia entre hacer juicios y ser crítico. El hombre espiritual está atento a otras personas y situaciones, y necesita hacer juicios justos sobre ellas. La Biblia Amplificada aclara aún más: *se analiza, investiga, indaga, pregunta y discierne todas las cosas.* ¡Solo evita arrogante y orgullosamente establecerte a ti mismo como juez, y actúa como si estuvieras por encima de todos los demás porque eres tan espiritual!

[16]*«¿Quién ha conocido la mente del Señor
para que pueda instruirlo?»*

Nosotros, por nuestra parte, tenemos la mente de Cristo.

Tú tienes la mente de Cristo

Hay una joya más en este capítulo, cuya importancia casi podrías pasar por alto. Pablo ya te ofreció la oportunidad de conocer los pensamientos más íntimos de Dios (por medio de su Espíritu que mora en nosotros), pero ahora dice que en realidad tenemos la misma mente de Cristo. Viene en respuesta a una pregunta ("¿quién ha conocido la mente del Señor?"), a la cual tendemos a responder: "nadie". Pero Pablo nos sorprende al decir que, en realidad, podemos conocer su mente. Es parte de estar unidos con Cristo, tener su Espíritu morando en nosotros y permanecer en Él. Entonces, tiene sentido que también tengamos su mente, su comprensión y su conocimiento acerca de todo. Si realmente puedes tener la mente de Cristo, ¿qué más quieres?

1 Corintios 3

¹*Yo, hermanos, no pude dirigirme a ustedes como a espirituales sino como a inmaduros, apenas niños en Cristo.* ²*Les di leche porque no podían asimilar alimento sólido, ni pueden todavía,* ³*pues aún son inmaduros. Mientras haya entre ustedes celos y contiendas, ¿no serán inmaduros? ¿Acaso no se están comportando según criterios meramente humanos?*⁴ *Cuando uno afirma: «Yo sigo a Pablo», y otro: «Yo sigo a Apolos», ¿no es porque están actuando con criterios humanos?*

⁵*Después de todo, ¿qué es Apolos? ¿Y qué es Pablo? Nada más que servidores por medio de los cuales ustedes llegaron a creer, según lo que el Señor le asignó a cada uno.* ⁶*Yo sembré, Apolos regó, pero Dios ha dado el crecimiento.* ⁷*Así que no cuenta ni el que siembra ni el que riega, sino sólo Dios, quien es el que hace crecer.* ⁸*El que siembra y el que riega están al mismo nivel, aunque cada uno será recompensado según su propio trabajo.* ⁹*En efecto, nosotros somos colaboradores al servicio de Dios; y ustedes son el campo de cultivo de Dios, son el edificio de Dios.*

¹⁰*Según la gracia que Dios me ha dado, yo, como maestro constructor, eché los cimientos, y otro construye sobre ellos. Pero cada uno tenga cuidado de cómo construye,* ¹¹*porque nadie puede poner un fundamento diferente del que ya está puesto, que es Jesucristo.* ¹²*Si alguien construye sobre este fundamento, ya sea con oro, plata y piedras preciosas, o con madera, heno y paja,* ¹³*su obra se mostrará tal cual es, pues el día del juicio la dejará al descubierto. El fuego la dará a conocer, y pondrá a prueba la calidad del trabajo de cada uno.* ¹⁴*Si lo que alguien ha construido permanece, recibirá su recompensa,* ¹⁵*pero si su obra es consumida por las llamas, él sufrirá pérdida. Será salvo, pero como quien pasa por el fuego.*

¹⁶*¿No saben que ustedes son templo de Dios y que el Espíritu de Dios habita en ustedes?* ¹⁷*Si alguno destruye el templo de Dios, él mismo será destruido por Dios; porque el templo de Dios es sagrado, y ustedes son ese templo.*

¹⁸*Que nadie se engañe. Si alguno de ustedes se cree sabio según las normas de esta época, hágase ignorante para así llegar a ser sabio.*¹⁹*Porque a los ojos de Dios la sabiduría de este mundo es locura. Como está escrito: «Él atrapa a los sabios en su propia astucia»;* ²⁰*y también dice: «El Señor conoce los pensamientos de los sabios y sabe que son absurdos.»* ²¹*Por lo tanto, ¡que nadie base su orgullo en el hombre! Al fin y al cabo, todo es de ustedes,* ²²*ya sea Pablo, o Apolos, o Cefas, o el universo, o la vida, o la muerte, o lo presente o lo por venir; todo es de ustedes,* ²³*y ustedes son de Cristo, y Cristo es de Dios.*

6

¿Entraré al cielo como quien pasa por el fuego?

1 Corintios 3

Pablo usa dos metáforas para describir la iglesia:

1. Un campo

- En un campo, algunos siembran y otros riegan. En la iglesia, Dios ha designado diferentes personas para cada tarea. En este caso, Pablo sembró y Apolos regó (v. 6).

- Para obtener una cosecha, cada uno tiene que hacer su parte. Todos los labradores están al mismo nivel. Un pastor, por ejemplo, no es mejor que otro miembro de la iglesia; simplemente tienen distintas tareas en el campo (v. 8).

- Tenemos el gran privilegio de ser colaboradores con Dios (v. 9).

- Dios conoce tus talentos y Él asigna a cada uno su tarea (v. 5). La parte más importante es de Dios: Él da el crecimiento (v. 6). Tú puedes sembrar la mejor semilla y echar agua y alimento todos los días, pero sin la obra de Dios, no tendrás ninguna cosecha.

- Dios está muy interesado en la cosecha; ese es el propósito del campo. Si no es fructífero, es inútil (Juan

29

15:6-8), pero si permanecemos en Cristo, debemos tener una buena cosecha. Vamos a ver en un momento algunas cosas que pueden limitar esa cosecha.

2. Un edificio; en efecto, un templo.

- Aquí, otra vez, Pablo fue el sembrador que echó los cimientos. Él se llama un *"maestro constructor"* (v. 10).

- Luego, otros vienen y construyen sobre ese fundamento. Para ser un edificio sano, cada uno tiene que tener cuidado de cómo construye (v. 10). Si el fundamento es malo, todo el edificio será malo.

- El único fundamento para una iglesia es Jesucristo. Si el fundamento de una iglesia es un pastor o una doctrina, la iglesia no es una verdadera iglesia.

Cosas que pueden dañar este campo o edificio

1. Divisiones

- Todavía hoy en día es común que los cristianos se identifiquen con algún teólogo, apóstol o líder de la iglesia. Incluso se puede decir que los concilios y denominaciones tienden a eso.

- Pablo dice que aquellos que lo hacen son carnales y actúan como la gente del mundo (v. 4).

- Seguir a algún hombre o doctrina de esta manera produce celos y conflictos. Pablo dice que los que caen en contiendas son inmaduros (v. 3); no son espirituales, sino niños en Cristo (v. 1).

- Para ser maduros en Cristo, tenemos que dejar todo lo que pueda dividir la iglesia.

2. Usar materiales inferiores

- Para construir un edificio, puedes usar lo mejor: oro, plata y piedras preciosas; o puedes usar madera, heno y paja (v. 12). Se puede edificar sobre la arena o sobre la roca. Al principio, los edificios pueden parecer iguales, pero cuando llega la tormenta, se revela la calidad de los materiales. Hay un juicio venidero que dejará todo al descubierto (v. 13). Muchas personas están usando materiales inferiores porque no quieren gastar mucho dinero, tiempo o energía. Cuesta más construir con los mejores, pero el templo del Señor lo merece.

- Lo que tú hagas en la construcción del templo va a tener consecuencias eternas para ti. No es una cuestión de salvación; serás salvo, pero como quien pasa por el fuego (v. 15). Si tu obra es consumida, sufrirás pérdida (la Biblia no dice qué será lo que se perderá). Pero si tu obra permanece, recibirás tu recompensa (v. 14). Construir el templo de Dios es muy serio.

3. Tomar la iglesia a la ligera

- La iglesia (los creyentes) es el templo de Dios, mucho más importante que el antiguo templo en Jerusalén. Obviamente, el templo de Dios es sagrado (v. 17). Muchos no tienen un concepto tan alto de la iglesia.

- Ya que es el templo de Dios, si alguien lo destruye, Dios destruirá a esa persona (v. 17). ¿Cómo destruimos la iglesia?

  - Descuidando las ovejas.

- Falsa doctrina y falta de alimento de la Palabra.

- Contiendas y divisiones.

- El pecado.

- Vanagloriándose.

Es muy serio jugar con la iglesia. Cada líder en la iglesia debe tener un temor de Dios y hacer su obra con mucha seriedad.

En el capítulo 6, Pablo dice que el cuerpo humano también es un templo del Espíritu Santo. Creo que se puede decir que, si alguien destruye ese templo con glotonería, drogas, alcohol, cigarrillos, abusos, etc., Dios lo destruirá.

Unas cosas para reflexión de este capítulo:

1. ¿Estoy maduro? ¿O inmaduro? ¿Cuáles son los criterios que utilizo para determinar si alguien es maduro o inmaduro? ¿Puedo decir con confianza que no estoy siguiendo a ningún hombre o doctrina? ¿Que no estoy contribuyendo a contiendas, celos o divisiones en la iglesia?

2. ¿Estoy dando alimentos sólidos a los creyentes que todavía son niños? ¿Tengo que hacer algunos ajustes en mi predicación para dar más leche a la congregación? ¿O hay una necesidad de más alimentos sólidos o exhortaciones para la iglesia?

3. ¿Qué puedo hacer para sanar las divisiones en la iglesia?

4. ¿Cuál es mi parte en el campo del Señor? ¿Dejo que Dios dé el crecimiento? Si no hay crecimiento, ¿por qué? ¿Dejo a otros y los animo a hacer su parte? ¿Podría ser que esté regando cuando nadie ha sembrado?

5. Reflexionando honestamente sobre mi vida, mi familia y mi iglesia, ¿estoy seguro de que el fundamento es Cristo? ¿Qué

tengo que cambiar para darle a Cristo su lugar como fundamento?

6. ¿Estoy usando lo mejor en mi servicio para el Señor? ¿Hay evidencia de que mi obra permanecerá? ¿O ya está sufriendo bajo la presión de este mundo? ¿Qué tengo que cambiar para evitar sufrir una pérdida eterna? Pon tu obra a prueba ahora, para prepararte para el juicio venidero. Pide ayuda a algunos hermanos para probarla.

7. ¿Estoy sufriendo bajo el juicio de Dios porque he destruido un templo? ¿Qué puedo hacer para comunicarle a otros cuán importante es la iglesia para Dios? ¿Qué puedo hacer si veo a alguien destruyendo el templo de Dios?

1 Corintios 4

¹*Que todos nos consideren servidores de Cristo, encargados de administrar los misterios de Dios.* ²*Ahora bien, a los que reciben un encargo se les exige que demuestren ser dignos de confianza.* ³*Por mi parte, muy poco me preocupa que me juzguen ustedes o cualquier tribunal humano; es más, ni siquiera me juzgo a mí mismo.* ⁴*Porque aunque la conciencia no me remuerde, no por eso quedo absuelto; el que me juzga es el Señor.* ⁵*Por lo tanto, no juzguen nada antes de tiempo; esperen hasta que venga el Señor. Él sacará a la luz lo que está oculto en la oscuridad y pondrá al descubierto las intenciones de cada corazón. Entonces cada uno recibirá de Dios la alabanza que le corresponda.*

⁶*Hermanos, todo esto lo he aplicado a Apolos y a mí mismo para beneficio de ustedes, con el fin de que aprendan de nosotros aquello de «no ir más allá de lo que está escrito». Así ninguno de ustedes podrá engreírse de haber favorecido al uno en perjuicio del otro.* ⁷*¿Quién te distingue de los demás? ¿Qué tienes que no hayas recibido? Y si lo recibiste, ¿por qué presumes como si no te lo hubieran dado?*

⁸*¡Ya tienen todo lo que desean! ¡Ya se han enriquecido! ¡Han llegado a ser reyes, y eso sin nosotros! ¡Ojalá fueran de veras reyes para que también nosotros reináramos con ustedes!* ⁹*Por lo que veo, a nosotros los apóstoles Dios nos ha hecho desfilar en el último lugar, como a los sentenciados a muerte. Hemos llegado a ser un espectáculo para todo el universo, tanto para los ángeles como para los hombres.* ¹⁰*¡Por causa de Cristo, nosotros somos los ignorantes; ustedes, en Cristo, son los inteligentes! ¡Los débiles somos nosotros; los fuertes son ustedes! ¡A ustedes se les estima; a nosotros se nos desprecia!* ¹¹*Hasta el momento pasamos hambre, tenemos sed, nos falta ropa, se nos maltrata, no tenemos dónde vivir.* ¹²*Con estas manos nos matamos trabajando. Si nos maldicen, bendecimos; si nos persiguen, lo soportamos;* ¹³*si nos calumnian, los tratamos con gentileza. Se nos considera la escoria de la tierra, la basura del mundo, y así hasta el día de hoy.*

¹⁴*No les escribo esto para avergonzarlos sino para amonestarlos, como a hijos míos amados.* ¹⁵*De hecho, aunque tuvieran ustedes miles de tutores en Cristo, padres sí que no tienen muchos, porque mediante el evangelio yo fui el padre que los engendró en Cristo Jesús.* ¹⁶*Por tanto, les ruego que sigan mi ejemplo.* ¹⁷*Con este propósito les envié a Timoteo, mi amado y fiel hijo en el Señor. Él les recordará mi manera de comportarme en Cristo Jesús, como enseño por todas partes y en todas las iglesias.*

¹⁸*Ahora bien, algunos de ustedes se han vuelto presuntuosos, pensando que no iré a verlos.* ¹⁹*Lo cierto es que, si Dios quiere, iré a visitarlos muy pronto, y ya veremos no sólo cómo hablan sino cuánto poder tienen esos presumidos.* ²⁰*Porque el reino de Dios no es cuestión de palabras sino de poder.* ²¹*¿Qué prefieren? ¿Que vaya a verlos con un látigo, o con amor y espíritu apacible?*

7

La lucha de un padre espiritual

1 Corintios 4

En este capítulo puedes ver el amor, el dolor y el anhelo del corazón del apóstol Pablo por sus hijos espirituales.

Lo que más le duele es la arrogancia de la iglesia (v. 8):

- *¡Ya tienen todo lo que desean!*
- *¡Ya se han enriquecido!*
- *¡Han llegado a ser reyes! ¡Y eso sin nosotros!*

Ellos creen que no tienen necesidad de nada ni de nadie. Ya han llegado. Están prósperos y contentos, y creen que son muy espirituales. Pero están ciegos a unos problemas muy profundos en su iglesia.

Me recuerda a la iglesia de Laodicea en Apocalipsis 3:17: *Dices: "Soy rico; me he enriquecido y no me hace falta nada"; pero no te das cuenta de que el infeliz y miserable, el pobre, ciego y desnudo eres tú.*

En sus propios ojos, los corintios son:

- Inteligentes
- Fuertes
- Estimados (v. 10)

Por el contrario, mira cómo Pablo describe a los apóstoles (que deberían ser ejemplos de una vida piadosa):

35

- Son ignorantes (lo que significa que el mundo piensa que son ignorantes)
- Son débiles (ante los ojos del mundo)
- Son despreciados
- Pasan hambre
- Tienen sed
- Los falta ropa
- Son maltratados
- No tienen donde vivir
- Se matan trabajando con las manos
- Están malditos, pero bendicen
- Son perseguidos, pero lo soportan
- Los calumnian, pero los tratan con gentileza
- Son considerados la escoria de la tierra y la basura del mundo (vv. 10-12)

Hoy son muchos los que se llaman "apóstol". Pero ser un apóstol es algo muy serio y también muy difícil. Pablo dice que Dios los *"ha hecho desfilar en el último lugar, como a los sentenciados a la muerte."* En lugar de la gloria que muchos buscan como apóstoles, Pablo dice que han *"llegado a ser un espectáculo para todo el universo, tanto para los ángeles como para los hombres"* (v. 9).

¿Por qué tiene que sufrir así un fiel siervo de Jesucristo? ¿Sufrió tanto Pablo porque no era un buen apóstol? ¿O puede ser que los "apóstoles" de hoy no conozcan muy bien lo que significa ser un apóstol?

El corazón de un padre espiritual

Quizás lo más difícil para el apóstol es el dolor en el corazón de un padre que ve sufrir a su hijo. Pablo nunca tuvo hijos de carne, pero tuvo muchos hijos espirituales, y eso es muy especial. Aunque podemos tener miles de tutores en Cristo, solo tenemos un padre que nos engendró en el evangelio. ¿Sigues en comunicación con tu padre espiritual? ¿Le das el honor que se merece?

Hemos escuchado el dicho: Haz lo que digo, no lo que hago. Eso es hipocresía. Aún más importante que su enseñanza, un padre tiene que dar un buen ejemplo a su hijo. Y para conocer y seguir ese ejemplo, tienen que pasar tiempo juntos, tal como los discípulos estuvieron con Jesús casi todo el día. No es posible saber cómo es la vida de alguien que ves en la televisión o que conoces por medio de Internet. En este caso, Pablo les está enviando a uno de sus hijos más queridos, Timoteo, para recordarles su manera de comportarse (v. 17).

Todo esto es importante para Pablo, no porque él quiera alardear y ser alguien exaltado a sus ojos, sino porque él tiene que amonestarlos, y solo puede hacerlo si reconocen su autoridad. Pablo puede soportar con gozo todas las tribulaciones de ser apóstol si él sabe que sus hijos (en este caso, la iglesia en Corinto) están recibiendo sus enseñanzas y creciendo en Cristo. Él sabe que todo es por causa de Cristo (v. 10). Pablo no busca dinero ni honor, sino el bienestar de la iglesia. Está obligado a ministrarles como apóstol llamado por Jesucristo; si no lo hace, está en rebelión y pecado.

Algunos malentienden a Pablo. No saben lo que es tener el corazón de un padre espiritual. Pablo realmente amaba a sus hijos, como todo padre debe amar a sus hijos. Nos da un ejemplo de sacrificio en su amor. Así, él puede decir: *"Les ruego que sigan mi ejemplo"*. Le pido al Señor que tú tengas a alguien con un buen ejemplo a seguir y que tu vida sea un buen ejemplo para muchos.

8

Cómo responder al pecado en la iglesia

1 Corintios 5

Este capítulo es muy fuerte para mí, porque revela lo lejos que estamos del ejemplo de la iglesia primitiva. Es el primero de dos casos (el otro está en el capítulo 6) de pecado en la iglesia, y nos enseña cómo responder a él.

¿Chotas en la iglesia? ¿O el amor verdadero?

¹Es ya del dominio público que hay entre ustedes un caso de inmoralidad sexual que ni siquiera entre los paganos se tolera, a saber, que uno de ustedes tiene por mujer a la esposa de su padre. ² ¡Y de esto se sienten orgullosos! ¿No debieran, más bien, haber lamentado lo sucedido y expulsado de entre ustedes al que hizo tal cosa?

En la cultura carcelaria que yo conocía durante muchos años, un "chota" (alguien que informa a los oficiales de algún delito) era odiado. Pero en la iglesia, es nuestro deber cuidar de nuestros hermanos (ver Génesis 4:9). Algunos se regocijan en secreto cuando un hermano se cae, porque los hace sentir más espirituales. Pero la primera reacción debe ser llorar y sentir un dolor profundo. Todo el cuerpo sufre por el pecado de un miembro. ¿Estás tan acostumbrado al pecado que no te molesta, no te duele? ¿Comprendes lo importante que es la santidad para Dios?

39

Los corintios ignoraron el pecado e incluso estaban envanecidos y se jactaron. Los líderes fallaron en su responsabilidad de enfrentarlo. Por desgracia, en muchas iglesias grandes de hoy, la mayoría no tiene idea de lo que está pasando en la vida de sus hermanos. Si sabemos algo, lo ignoramos o chismeamos, o (si somos muy espirituales) oramos por ello. La mayoría de los líderes no tienen el denuedo, la unción o el conocimiento para enfrentar al pecado.

Jesús dijo que no solo es la responsabilidad de los líderes, sino de cada creyente. En Mateo 18 nos enseñó cómo responder al pecado de un hermano:

1. Busca al hermano y repréndelo en privado.

2. Si él no te escucha, trae uno o dos testigos.

3. Si te niega a escuchar, lleva el asunto ante la iglesia.

El papel del apóstol

Pablo siguió este modelo de Jesús y lo aplicó a toda la iglesia. Él sabía que este pecado la destruiría, y como los corintios ignoraban la situación, ahora es su responsabilidad como apóstol enfrentarlo. El versículo 3 explica cómo funciona la autoridad apostólica:

3 Yo, por mi parte, aunque no estoy físicamente entre ustedes, sí estoy presente en espíritu (o, en el Espíritu Santo), y ya he juzgado, como si estuviera presente, al que cometió este pecado.

La iglesia no es un negocio ni un club. Un apóstol y toda la iglesia operan en un nivel espiritual. No es solo un dicho (*"estoy presente contigo en el espíritu"*); Pablo sabe que realmente él está presente. Eso es muy poderoso: la autoridad funciona fuera de nuestro concepto de tiempo y espacio. Fue esa comprensión y la fe profunda del centurión lo que asombraron a Jesús cuando ese hombre le dijo: *"No soy digno de que entres bajo mi techo... pero di la palabra, y mi siervo será sano. Porque también yo soy un hombre puesto bajo autoridad."* Jesús nunca entró en su hogar, pero espiritualmente estuvo presente, y el siervo quedó sano (Lucas 7:1-10).

Como un hijo cuando sus padres no están presentes, los corintios creían que tenían la libertad de hacer lo que quisieran hacer. Pablo les dice: "No, tu papá está presente": ya he juzgado, como si estuviera presente, al que cometió este pecado. Aún más importante, el Señor Jesús está presente.

Un apóstol puede, y debe, juzgar al pecador en una de las iglesias que él supervisa. Para cumplir con esa responsabilidad, necesita tener un conocimiento de lo que está sucediendo en las iglesias y necesita el denuedo para actuar. Algo sucede en el espíritu cuando él juzga a un pecador.

El papel de la iglesia

Bajo la autoridad del apóstol, la iglesia debe cumplir tres condiciones antes de actuar.

⁴ Cuando se reúnan en el nombre de nuestro Señor Jesús, y con su poder yo los acompañe en espíritu, ⁵ entreguen a este hombre a Satanás para destrucción de su naturaleza pecaminosa a fin de que su espíritu sea salvo en el día del Señor.

1. *Estar reunidos en el nombre del Señor Jesucristo*

No es suficiente simplemente terminar la oración para abrir el servicio con "en el nombre de Jesús". Por la fe en la palabra de Jesús (*"donde están dos o tres congregados en mi nombre, allí estoy yo en medio de ellos"*), creemos que Jesús mismo está allí. Ese es el mismo pasaje donde Jesús habla del poder de la unidad y de cómo tratar a un hermano que peca contra ti (Mateo 18:15-20).

2. El poder del Señor Jesús está presente

Sería peligroso disciplinar al hermano sin el poder de Jesús presente. Aparentemente, incluso con Cristo presente, su poder no es automático. A veces tenemos que esperar o confesar el pecado antes de experimentarlo. ¿Has estado en un servicio donde el poder de Jesús no estuvo presente? ¿Podría ser que la mayoría de nuestros servicios carezcan de ese poder? Si no lo han estado experimentando, no es sorprendente que haya gente atada en pecado.

3. Pablo los acompaña en espíritu

La iglesia no ejerce esa disciplina sin el apóstol, y Pablo no lo hace aparte de la iglesia; trabajan juntos. La presencia del apóstol les da autoridad; ellos necesitan la fe para creer que él está presente.

Si la persona no recibe la corrección

Solo cuando hayan hecho todo lo posible por ayudar al hermano, y no se arrepienta, hay un paso más: *Entreguen a este hombre a Satanás para destrucción de su naturaleza pecaminosa a fin de que su espíritu sea salvo en el día del Señor* (v. 5).

Está claro que hay una dinámica aquí que la mayoría de nosotros nunca experimentamos en la iglesia. Solo en estas condiciones podemos hacer algo tan radical como entregar a un hermano al diablo.

1. No es un castigo o venganza, sino una disciplina hecha con amor, con el motivo de la restauración del hermano. Cada iglesia necesita salvaguardas para evitar abusos en la disciplina.

2. Muchos creen que Romanos 7 dice que siempre vamos a tener una lucha entre la carne y el espíritu, pero aparentemente Pablo cree que la carne (la naturaleza pecaminosa) puede ser destruida. En este caso, esa destrucción ocurre cuando el pecador es entregado a las manos de Satanás. Tenemos que crucificar la carne. No es posible acomodarla; tiene que morir. Si la naturaleza pecaminosa no es destruida, el espíritu no será salvo. Mejor ser obediente y crucificarla tú mismo, que ser entregado a Satanás para su destrucción. ¿Es ese hombre viejo destruido en tu vida?

3. ¿Cómo se destruye? El hombre está fuera de la cobertura de la iglesia y, por lo tanto, es vulnerable a los ataques físicos, emocionales y espirituales de Satanás. Él puede pasar por pruebas muy fuertes, pero el motivo es la destrucción de la carne, no de la persona, aunque a veces puede morir (ver 1 Corintios 11:30 y Ananías y Safira en Hechos 5).

4. El único otro ejemplo en el Nuevo Testamento de entregar a alguien a Satanás está en 1 Timoteo 1:19-20. Pablo dice que, al ignorar su conciencia, algunos han naufragado en la fe. Él entregó a dos hermanos a Satanás *"para que aprendan a no blasfemar"*. Está claro que no lo haces apresuradamente ni a la ligera. Requiere mucha oración y mucho cuidado, o puedes hacer mucho daño a la persona.

¿Por qué es tan importante purificar la iglesia completamente y practicar esta disciplina?

[6] Hacen mal en jactarse. ¿No se dan cuenta de que un poco de levadura hace fermentar toda la masa?[7] Desháganse de la vieja levadura para que sean masa nueva, panes sin levadura, como lo son en realidad. Porque Cristo, nuestro Cordero pascual, ya ha sido sacrificado. [8] Así que celebremos nuestra Pascua no con la

vieja levadura, que es la malicia y la perversidad, sino con pan sin levadura, que es la sinceridad y la verdad.

Primero, impacta la salvación eterna del individuo, pero también puede destruir una iglesia entera. El pecado es como un poco de levadura que impregna toda la masa con malicia y perversidad. ¿Te acuerdas de Acán en Josué 7? El pecado de un solo hombre resultó en la derrota de toda la nación. Si permitimos que una persona en la iglesia tenga pecado en su vida, será como un cáncer y una mancha en todo el cuerpo. Tenemos que echar fuera la vieja levadura de la malicia y la perversidad, y tomar el pan de la sinceridad y la verdad.

Entonces, ¿cómo nos relacionamos con los pecadores, en la iglesia y en el mundo?

Los últimos versículos del capítulo revelan cómo ellos (y muchos de nosotros también) tenían las cosas al revés:

[9] Por carta ya les he dicho que no se relacionen con personas inmorales.[10] Por supuesto, no me refería a la gente inmoral de este mundo, ni a los avaros, estafadores o idólatras. En tal caso, tendrían ustedes que salirse de este mundo. [11] Pero en esta carta quiero aclararles que no deben relacionarse con nadie que, llamándose hermano, sea inmoral o avaro, idólatra, calumniador, borracho o estafador. Con tal persona ni siquiera deben juntarse para comer.

[12] ¿Acaso me toca a mí juzgar a los de afuera? ¿No son ustedes los que deben juzgar a los de adentro? [13] Dios juzgará a los de afuera. «Expulsen al malvado de entre ustedes.»

Un cristiano no debe relacionarse con personas inmorales; ni siquiera debería juntarse para comer. Nada. Pero entendemos mal lo que Pablo dijo. No está hablando de la gente del mundo: uno tendría que salir de este mundo para evitar gente como esa

(NTV). Muchos cristianos, como los fariseos, no quieren nada que ver con los "pecadores" del mundo. ¡Pero somos la sal y la luz del mundo! Los inmorales, los avaros, los estafadores y los idólatras del mundo nos necesitan. Jesús era *"amigo de publicanos y de pecadores"* (Mateo 11:19). Sigue el ejemplo de Jesús y busca a tales personas. No es para nosotros juzgar a los que están afuera (v. 12). Esa es la tarea de Dios. ¡Ten cuidado de no tomar su lugar!

El problema no es el mundo, sino la iglesia. Necesitamos un templo santo para el Señor, sin levadura. El verso 11 dice: *No deben relacionarse con nadie que, llamándose hermano, sea:*

- Inmoral: ¡Imagínate expulsar a todos en la iglesia que se meten en pornografía, fornican con sus novias o practican alguna inmoralidad sexual!
- Avaro: ¡Allí va otra gran parte de la iglesia!
- Idólatra: aquellos que tienen algo más que Dios (dinero, computadora, televisión, placer...) ocupando el primer lugar en su vida.
- Calumniador (maldiciente): Aquellos que chismean y hablan mal del pastor u otro hermano, o simplemente tienen una boca sucia y mala.
- Borracho.
- Estafador o ladrón: Aquellos que no son honestos en su negocio, con impuestos o en cosas pequeñas de la vida diaria.

¡Con tal persona ni siquiera deberían juntarse para comer (v. 11)!

Dios juzga a los que están afuera; los hermanos de la iglesia deben juzgar a los que están dentro. ¡Pero parece imposible! ¡Vamos a perder la mayor parte de la iglesia! Es cierto que es muy delicado.

Algunos consejos sobre la disciplina

1. Estamos hablando aquí de la persona que *practica* pecado. Todos pecamos de vez en cuando. 1 Juan 1:8 dice: *Si afirmamos que no tenemos pecado, nos engañamos a nosotros mismos y no tenemos la verdad.*

2. Esta persona está endurecida. Sabe que está pecando, pero sigue haciéndolo. Tiene la actitud de que no tiene que rendir cuentas a nadie; es libre de hacer lo que quiera. Dios quiere un corazón arrepentido, que corre hacia el Señor, quebrantado, pidiendo su misericordia y perdón.

3. Solo después de hacer todo lo posible para ayudar a la persona "perversa", tenemos que sacarla de entre nosotros (v. 13, Deuteronomio 17:7). La ley del Antiguo Testamento era muy estricta con el pecado; apedrearon a muchos, y tenían que eliminar todo pecado de la comunidad.

¿Pero no es casi imposible poner en práctica la enseñanza de este capítulo?

Ya he escuchado todas las excusas:

- "Pablo no pretende que realmente sigamos estas instrucciones."
- "Era para la iglesia primitiva; no es posible hacerlo hoy."
- "Vamos a tener problemas con las autoridades y con el tribunal."
- "Vamos a perder a toda la congregación."
- "Nos van a llamar fanáticos."

De verdad, estoy cansado de las excusas. La iglesia está llena de levadura. No hay poder de Jesús en nuestros servicios. Hay tanto pecado en su cuerpo que Jesús no aparece en muchos de ellos. No predicamos acerca del pecado, el arrepentimiento y la santidad. Luchamos contra la autoridad, ya sea de un apóstol, un pastor o una iglesia. Somos rebeldes y no queremos dejar nuestro pecado. Y si una iglesia intenta poner en práctica esta palabra, la gente irá a otra iglesia más "abierta", con "más amor", que no "juzga". Pero no es para nosotros sacar las cosas de la Biblia que no nos gustan o que nos parecen anticuadas. Como en toda la vida cristiana, Dios nos ayudará a obedecerla.

¿Cuáles son las enseñanzas principales de este capítulo?

1. La importancia de la autoridad en la vida cristiana. Por naturaleza, el ser humano es rebelde y resiste a la autoridad. Hoy hemos rechazado la autoridad que teníamos en el pasado, en la familia, la escuela y la sociedad. La misma rebeldía ha invadido la iglesia. Cada creyente debe estar bajo la autoridad de una iglesia, la iglesia bajo la autoridad de un apóstol o un concilio, y ellos bajo la autoridad de Cristo. Cuando dejamos esta cadena de autoridad, perdemos el poder del Espíritu. Ha habido muchos abusos con esa autoridad, pero no abandonamos un principio bíblico debido a esos abusos.

2. También estamos bajo la autoridad de la Biblia. Existe lo bueno y lo malo; no nos corresponde a nosotros decidir qué está permitido o no. Cristo murió por nuestros pecados; despreciamos ese sacrificio cuando tomamos su muerte y el pecado a la ligera.

3. Estamos en el mundo, pero no somos del mundo. Debe haber una diferencia entre el mundo y la comunidad de fe.

4. La disciplina en la iglesia no es opcional. Tenemos que enfrentar el pecado.

¡Que Dios tenga misericordia de nosotros! ¡Que la sangre de Jesús nos purifique! ¡Que nos arrepintamos de nuestro pecado y de la tolerancia del pecado! ¡Estamos muy preparados para el juicio de Dios! Más que nunca, necesitamos la plenitud del Espíritu Santo para guiarnos y aconsejarnos sobre estos asuntos delicados.

9

¿Jueces en la iglesia?

1 Corintios 6:1-11

En el capítulo anterior, Pablo habló de la necesidad de juzgar el pecado en la iglesia. El verso 5:12 dice: *¿No son ustedes los que deben juzgar a los de adentro?*

Yo sé que esto va contra la corriente, y si intentamos poner esta enseñanza en práctica, todos nos señalarán como juiciosos. De hecho, tenemos que equilibrarlo con lo que Jesús dijo, por ejemplo, en Mateo 7:1-5:

> »No juzguen a nadie, para que nadie los juzgue a ustedes. Porque tal como juzguen se les juzgará, y con la medida que midan a otros, se les medirá a ustedes. ¿Por qué te fijas en la astilla que tiene tu hermano en el ojo, y no le das importancia a la viga que está en el tuyo? ¿Cómo puedes decirle a tu hermano: "Déjame sacarte la astilla del ojo", cuando ahí tienes una viga en el tuyo? ¡Hipócrita!, saca primero la viga de tu propio ojo, y entonces verás con claridad para sacar la astilla del ojo de tu hermano.

Lee esos versos cuidadosamente: Jesús habla de alguien con un *espíritu crítico*, que está *ciego a sus fallas* y *busca razones para acusar* a sus hermanos. ¡Jesús precisamente nos da permiso para sacar la astilla del ojo del hermano! El requisito es ver con claridad, y para esa claridad primeramente debemos arreglar nuestras vidas y sacar la viga de nuestros ojos.

Jesús puso el fundamento, y Pablo lo afirma: Debemos juzgar a los que están dentro de la iglesia. ¿Te parece muy radical o raro? ¿Está fuera de tu experiencia en la iglesia? Pues, ya hemos visto en esta carta que hemos perdido mucho de lo que Jesús intentó por su iglesia. ¿Vamos a poner en práctica lo que dice la Palabra de Dios?

El capítulo 5 tocó un caso de inmoralidad en la iglesia; ahora Pablo toca a pleitos entre hermanos:

¹Si alguno de ustedes tiene un pleito con otro, ¿cómo se atreve a presentar demanda ante los inconversos, en vez de acudir a los creyentes? ²¿Acaso no saben que los creyentes juzgarán al mundo? Y si ustedes han de juzgar al mundo, ¿cómo no van a ser capaces de juzgar casos insignificantes? ³¿No saben que aun a los ángeles los juzgaremos? ¡Cuánto más los asuntos de esta vida! ⁴Por tanto, si tienen pleitos sobre tales asuntos, ¿cómo es que nombran como jueces a los que no cuentan para nada ante la iglesia?⁵Digo esto para que les dé vergüenza. ¿Acaso no hay entre ustedes nadie lo bastante sabio como para juzgar un pleito entre creyentes? ⁶Al contrario, un hermano demanda a otro, ¡y esto ante los incrédulos!

⁷En realidad, ya es una grave falla el solo hecho de que haya pleitos entre ustedes. ¿No sería mejor soportar la injusticia? ¿No sería mejor dejar que los defrauden? ⁸Lejos de eso, son ustedes los que defraudan y cometen injusticias, ¡y conste que se trata de sus hermanos!

El pecado en Corinto

- Defraudan y cometen injusticias contra sus hermanos (v. 8).

- Presentan demandas entre hermanos en la corte secular, ante los inconversos (v. 6).
- Sacan el asunto de la iglesia y lo entregan al mundo para que lo arregle; confían en el mundo para resolver problemas en el Cuerpo de Cristo.

La cuestión más básica para Pablo es: ¿por qué tienen pleitos?

- Es *"una grave falla, una derrota"* (v. 7).
- Un hermano no debe demandar a otro hermano.
- Deben arreglar la situación entre sí.
- En lugar de demandar o entrar en pleitos con hermanos, el cristiano a veces tiene que soportar la injusticia (v. 7).

Jesús dijo (Mateo 5:39-40): *"Pero yo les digo: No resistan al que les haga mal. Si alguien te da una bofetada en la mejilla derecha, vuélvele también la otra. Si alguien te pone pleito para quitarte la capa, déjale también la camisa."*

Nosotros estamos muy dispuestos a reclamar nuestros derechos. Por desgracia, los conflictos son muy comunes en la mayoría de nuestras iglesias, y no recibimos mucha ayuda del liderazgo para resolverlos.

Cómo lidiar con pleitos entre hermanos

El cristiano debe vivir en armonía con sus hermanos, pero somos humanos y, a veces, tendremos conflictos. La iglesia debe estar lista para ayudar a esos hermanos, sin la participación de los incrédulos fuera de la iglesia.

¿El proceso? Pablo dice que deben designar jueces de entre los hermanos en la iglesia (vv. 4-5). No está claro en el griego si él está diciendo:

- Que están nombrando a aquellos que son de menor estima en la iglesia, y no debería ser así.

o

- Que incluso aquellos de menor estima tienen la capacidad de servir como jueces.

El mensaje es claro: en la iglesia hay hermanos humildes que demuestran la sabiduría de Dios y que deben ser nombrados jueces. No profundiza en el proceso, pero como todo lo que hacemos en la iglesia, tiene que estar bajo la unción y la dirección del Espíritu Santo. Si tratamos de hacerlo en la carne, seguramente será desastroso.

¿Cuándo fue la última vez que viste "jueces" en una iglesia? ¿A quién acudirías en tu iglesia si tuvieras un problema con otro hermano? Otra vez vemos aquí que la iglesia debe tomar una parte muy activa en la vida de los miembros. No ignora los problemas, sino que los confronta y los resuelve. ¡Qué triste que, a veces, haya divisiones y odio entre hermanos en una iglesia que duren muchos años!

Jueces en el Antiguo Testamento

Puede ser que Pablo, con su gran conocimiento de la Ley, estuviera pensando en lo que Jetro sugirió a su yerno en el desierto, y Moisés puso en práctica:

> *"A ellos los debes instruir en las leyes y en las enseñanzas de Dios, y darles a conocer la conducta que deben llevar y las obligaciones que deben cumplir. Elige tú mismo entre el pueblo hombres capaces y temerosos de Dios, que amen la verdad y aborrezcan las ganancias mal habidas, y desígnalos jefes de mil, de cien, de cincuenta y de diez personas. Serán ellos los que funjan como jueces de tiempo completo, atendiendo los casos sencillos, y los casos difíciles*

*te los traerán a ti. Eso te aligerará la carga,
porque te ayudarán a llevarla. Si pones esto en
práctica y Dios así te lo ordena, podrás aguantar;
el pueblo, por su parte, se irá a casa satisfecho"*
(Éxodo 18:20-23).

- Fue la responsabilidad de Moisés instruir al pueblo en la Palabra de Dios. El conocimiento de la Biblia es la base de nuestra conducta. Si todos están instruidos en ella, se evitarán muchos problemas. Esta es la responsabilidad del pastor u otros líderes de la iglesia.

- En el caso de Moisés, le correspondió elegir a los jueces. Tenían que ser:
  - o Capaces (*varones de virtud*, RVR)
  - o Temerosos de Dios
  - o Amantes de la verdad
  - o Sin avaricia; aborrecedores de ganancias mal habidas

No son muy diferentes de las cualidades de los ancianos y diáconos en la iglesia (1 Timoteo 3:1-16, Tito 1:6-9).

- Hubo varios niveles de jueces y ellos servían a tiempo completo. Dado que era para toda la nación, eso tiene sentido. Eran jefes de mil, cien, cincuenta y diez. Se supone que la mayoría de los casos podría resolverse a nivel de diez. Podrían apelar al siguiente nivel, o el juez podría remitir un caso difícil al siguiente nivel. Trajeron los más difíciles a Moisés. Algo parecido puede funcionar en una iglesia, con los líderes de células o grupos en los hogares, en el primer nivel. En una iglesia grande, puede ser necesario que algunos trabajen a tiempo completo.

- Cuando el pueblo se siente atendido y escuchado, evitamos muchos problemas, y ellos se van satisfechos a casa.

Dos puntos importantes en 1 Corintios 6

1. Dios confía en nosotros para juzgar.

- Los creyentes van a juzgar al mundo (v. 2). Posiblemente Pablo tenía Daniel 7:22 en mente: *Se dio el juicio a los santos del Altísimo; y llegó el tiempo, y los santos recibieron el reino.*
- Vamos a juzgar a los ángeles también.
- Si tenemos esa capacidad, claro que somos capaces de juzgar casos insignificantes en la iglesia. De hecho, Dios puede usar los problemas en la iglesia y en la vida personal como preparación para el futuro.
- El modelo de Moisés e Israel puede servirnos de guía.

2. Es una contradicción completa para un creyente caer en pecado:

9 ¿No saben que los malvados no heredarán el reino de Dios? ¡No se dejen engañar! Ni los fornicarios, ni los idólatras, ni los adúlteros, ni los sodomitas, ni los pervertidos sexuales, 10 ni los ladrones, ni los avaros, ni los borrachos, ni los calumniadores, ni los estafadores heredarán el reino de Dios. 11 Y eso eran algunos de ustedes. Pero ya han sido lavados, ya han sido santificados, ya han sido justificados en el nombre del Señor Jesucristo y por el Espíritu de nuestro Dios.

Los malvados no heredarán el reino de Dios. Algunos ejemplos de malvados (esta lista no es inclusiva):

- Fornicarios
- Idólatras

- Adúlteros
- Sodomitas (afeminados)
- Pervertidos sexuales (los que se echan con varones, homosexuales)
- Ladrones
- Avaros
- Borrachos
- Calumniadores (maldicientes)
- Estafadores

¡Estos son versículos muy fuertes porque nombran prácticas muy comunes hoy en día! No condenamos a tales personas. Cristo vino para salvarlos y liberarlos de sus pecados. Nosotros también éramos pecadores, estábamos entre ellos y estos pecados no son imperdonables. Un cristiano puede cometer pecado, arrepentirse y ser perdonado. Pero la palabra es muy clara: no es posible continuar con estos pecados, practicarlos, ser salvo y entrar en el reino de Dios.

Cuando aceptamos a Cristo somos:

- Lavados
- Santificados (separados del mundo, apartados para un uso especial)
- Justificados (no culpables, como nunca pecamos)

¿Cómo es posible, entonces, volver a practicar el pecado?

Hay muchos engañados. Creen que ya tienen su boleto al cielo y pueden vivir como quieran. Hay mucha presión del mundo para aceptar a esas personas en la iglesia, especialmente a aquellos que practican el pecado sexual, lo cual Pablo menciona en la segunda parte de este capítulo.

Jesucristo vino a lavarte y liberarte de todos tus pecados. No hay pecado (excepto la blasfemia contra el Espíritu Santo) que Él no pueda perdonar. Él quiere justificarte; declararte no culpable. Si ya has aceptado a Cristo y estás viviendo en pecado, arrepiéntete ahora y pide perdón. No esperes hasta mañana.

10

Sexualidad santificada

1 Corintios 6:12-20

En los 40 años que llevo en el ministerio, he hablado con miles de hombres. No importa si es soltero o casado, pastor o preso, joven o viejo. La mayoría de ellos no hablan mucho sobre eso, pero todos han luchado con la tentación sexual. La batalla puede cambiar con los años, pero he hablado con hombres de noventa años que todavía piensan mucho sobre el sexo. Una de las razones más comunes para la caída de un pastor es el pecado sexual. La pornografía siempre ha sido una tentación, pero ahora, con Internet, es una plaga en la iglesia. Algunos estudios dicen que hasta el 40% de *pastores* son adictos a la pornografía en Internet.

Dios está muy interesado en tu vida sexual. Él te creó un hombre. Jesús sabe lo que es ser un hombre: Fue tentado en todo como tú y nunca pecó. Él es tu sumo sacerdote que puede y quiere ayudarte. Habla con Dios honestamente acerca de tus luchas. Él ya sabe todo. No separes tu vida sexual de tu vida espiritual.

La Biblia habla abiertamente sobre el sexo. Cantar de Cantares lo celebra. Efesios 5:31-32 compara la relación íntima de un hombre y una mujer con la relación de Cristo y la iglesia. El misterio de dos personas que son una sola carne es semejante al misterio de la Santa Trinidad: tres personas en uno. Por esa razón, Satanás ha hecho todo lo posible para pervertir y destruir el sexo. Efesios 5:3 dice que el cristiano ni siquiera debe mencionar la inmoralidad sexual o la impureza. La triste realidad es que muchos hombres cristianos piensan y hablan sobre el sexo todo el día. Llenan sus mentes de impurezas en la televisión e Internet. Es una lucha muy dura, pero tú puedes superar esta tentación. La Biblia nos habla de la lucha, la caída y la victoria de varios hombres. Había mucha inmoralidad en la cultura de Roma y Grecia, y ya había invadido la iglesia primitiva. Una de las enseñanzas bíblicas más claras sobre el sexo se encuentra en este pasaje.

Para la mujer que está leyendo este libro, estoy escribiendo muy abiertamente para ayudar a tus hermanos. Puede ser que te ayude a comprender al hombre en tu vida, y hay principios aquí que se aplican a ti también.

Lo que esta porción nos enseña

¹² *Ustedes dicen: «Se me permite hacer cualquier cosa», pero no todo les conviene. Y aunque «se me permite hacer cualquier cosa», no debo volverme esclavo de nada.*

1. Hay libertad en Cristo; hay algunas cosas que no están prohibidas. Pero la cuestión es: ¿es para mi bien? ¿Me conviene?

2. Puedes ser libre de hacer lo que quieras, pero ¿te domina? ¿Llena todos tus pensamientos? Si te domina, es pecado.

¹³ *Ustedes dicen: «La comida se hizo para el estómago, y el estómago, para la comida». (Eso es cierto, aunque un día Dios acabará con ambas cosas). Pero ustedes no pueden decir que nuestro cuerpo fue creado para la inmoralidad sexual. Fue creado para el Señor, y al Señor le importa nuestro cuerpo.*

3. Dios hizo cada parte del cuerpo con un propósito. Tu cuerpo no es tuyo para abusar como quieras. Tu cuerpo es para el Señor y debe ser usado como Él ha planeado.

¹⁴ *Y Dios nos levantará de los muertos con su poder, tal como levantó de los muertos a nuestro Señor.*

4. El sexo es solo para esta vida; en el cielo seremos como los ángeles (ver Mateo 22:30). Puedes pensar: "¿Un paraíso sin sexo?" Pero así será, y Dios sabe lo que está haciendo.

¹⁵ *¿No se dan cuenta de que sus cuerpos en realidad son miembros de Cristo? ¿Acaso un hombre debería tomar su cuerpo, que es parte de Cristo, y unirlo a una prostituta? ¡Jamás!*

5. Tu cuerpo es un miembro de Cristo. Piensa cuidadosamente en lo que haces con un miembro de Jesús.

¹⁶ *¿Y no se dan cuenta de que, si un hombre se une a una prostituta, se hace un solo cuerpo con ella? Pues las Escrituras dicen: «Los dos se convierten en uno solo».*

6. No importa la persona; cuando tienes relaciones con alguien, eres una sola carne con ella.

¹⁷ *Pero la persona que se une al Señor es un solo espíritu con él.*

7. La unión del hombre y la mujer es paralela a la unión de Cristo y el creyente.

¹⁸ *¡Huyan del pecado sexual! Ningún otro pecado afecta tanto el cuerpo como este, porque la inmoralidad sexual es un pecado contra el propio cuerpo.*

8. Se nos manda a huir de la inmoralidad sexual, y Cristo nos da el poder de obedecer sus mandamientos. El problema

es que muchas veces no queremos huir; queremos entrar en ella.

9. Hay algo diferente en el pecado sexual; toca lo más íntimo de un hombre. Pecas contra tu propio cuerpo.

[19] ¿No se dan cuenta de que su cuerpo es el templo del Espíritu Santo, quien vive en ustedes y les fue dado por Dios? Ustedes no se pertenecen a sí mismos, [20] porque Dios los compró a un alto precio. Por lo tanto, honren a Dios con su cuerpo.

10. Cristo compró tu cuerpo con el precio de su sangre; no eres el dueño de tu cuerpo.

11. Tu cuerpo es un templo del Espíritu Santo. Honra a Dios con tu cuerpo.

Algunas aplicaciones de estos versículos

1. Dios quiere que un hombre casado tenga relaciones íntimas con una sola mujer de por vida. De esa manera, puede disfrutar de la profundidad de ser "una sola carne". ¿Cómo es posible ser "una sola carne" con 10 mujeres?

   - Todo sexo fuera de la relación comprometida del matrimonio es pecado, y te roba de la intimidad que Dios intenta para ti y tu esposa. Incluye fantasías, masturbación y pornografía.

   - Ya sabemos que el adulterio está prohibido en los Diez Mandamientos, y el castigo bajo la ley era la muerte.

   - Pablo dijo que los adúlteros, fornicarios y pervertidos que continúan practicando su pecado no son salvos (v. 9).

- En lugar de la "libertad" que algunos desean con muchas experiencias sexuales, todo pecado sexual destruye la belleza de la unión sexual.

- Si realmente amas a tu esposa, detén todo pecado sexual.

2. Muchos hombres viven bajo condena porque no pueden dejar de masturbarse, pero no es el pecado peor. Aunque la Biblia nunca menciona la masturbación en sí misma, se le pueden aplicar muchos principios bíblicos.

  - No es para tu bien, no te conviene. Te deja vacío, con culpa y alejado de Dios.

  - Es fácil ser dominado por la masturbación.

  - Impulsa al hombre a pensar aún más sobre el sexo, tener fantasías y usar pornografía.

  - Dios puede darnos sueños mojados para aliviar la presión física.

  - Tú puedes vivir sin sexo. Cristo lo hizo. Este es el testimonio de muchos solteros, presos, soldados y otros sin una mujer: es mucho mejor si no te excitas con la masturbación, las fantasías y la pornografía.

  - El sexo es como un fuego. Muchos hombres siempre le añaden leña a ese fuego. Pero si no es posible tener relaciones con tu esposa, es mejor mantener ese fuego muy bajo.

  - Piensa en esto: ¿Estoy honrando a Dios con esto? ¿De verdad quiero hacer esto con un miembro de Cristo?

3. El acceso que tenemos hoy a la pornografía es muy peligroso. A veces llegan cosas no invitadas en el correo electrónico. Y no es solo Internet; hay un montón de imágenes en la televisión, revistas... pues tú ya sabes.

- La pornografía es una adicción, y es posible que necesites liberarte de ella. Pon un buen filtro en tu computadora y ten mucho cuidado con Internet y el teléfono.

- Destruye toda la pornografía que tienes, o te destruirá. Completamente adormece el espíritu.

4. Como José en Egipto, huye de la tentación sexual. En el momento en que comienzas a discutir y considerar la tentación, ya has perdido la batalla.

5. Memoriza 1 Corintios 10:13: *Las tentaciones que enfrentan en su vida no son distintas de las que otros atraviesan. Y Dios es fiel; no permitirá que la tentación sea mayor de lo que puedan soportar. Cuando sean tentados, él les mostrará una salida, para que puedan resistir.* Es posible ganar la batalla contra la concupiscencia.

6. Muchos hombres hacen batalla con la atracción hacia otros hombres. En realidad, es una tentación como cualquier otra. La sociedad actual (¡incluso muchas iglesias!) dice que es normal. Está claro que va completamente en contra del plan de Dios para nosotros. No le des ningún lugar al diablo. Dios quiere ayudarte a superar esa tentación y liberarte de esa atracción, pero será una lucha.

7. No somos ciegos; claro que siempre habrá mujeres hermosas. Echa un vistazo, agradeciendo a Dios por su

belleza, y no más. Hay que entrenar la mente para no codiciar.

- Ten cuidado con tus compañeros y evita esos lugares (¿la playa?) donde sabes que habrá mucha tentación.

Es mejor no compartir tu lucha con tu esposa. Si ella sabe que tú estás batallando en tu vida sexual, puede fomentar la inseguridad en ella y crear aún más problemas en tus relaciones íntimas. Mejor busca a un hermano para orar contigo y rendirle cuentas. ¡Somos hermanos en la batalla! ¡Juntos venceremos! El sexo es una de las grandes bendiciones que Dios te ha dado, pero si no lo usas conforme al diseño divino, puede convertirse en una maldición. Mi oración para ti es que Dios te dé libertad del pecado, para disfrutar de la mujer que Dios te ha dado.

(Citas bíblicas de la Nueva Traducción Viviente)

1 Corintios 7

¹*Paso ahora a los asuntos que me plantearon por escrito: «Es mejor no tener relaciones sexuales.»* ² *Pero en vista de tanta inmoralidad, cada hombre debe tener su propia esposa, y cada mujer su propio esposo.* ³ *El hombre debe cumplir su deber conyugal con su esposa, e igualmente la mujer con su esposo.* ⁴ *La mujer ya no tiene derecho sobre su propio cuerpo, sino su esposo. Tampoco el hombre tiene derecho sobre su propio cuerpo, sino su esposa.* ⁵ *No se nieguen el uno al otro, a no ser de común acuerdo, y sólo por un tiempo, para dedicarse a la oración. No tarden en volver a unirse nuevamente; de lo contrario, pueden caer en tentación de Satanás, por falta de dominio propio.* ⁶ *Ahora bien, esto lo digo como una concesión y no como una orden.* ⁷ *En realidad, preferiría que todos fueran como yo. No obstante, cada uno tiene de Dios su propio don: éste posee uno; aquél, otro.*

⁸ *A los solteros y a las viudas les digo que sería mejor que se quedaran como yo.* ⁹ *Pero si no pueden dominarse, que se casen, porque es preferible casarse que quemarse de pasión.*

¹⁰ *A los casados les doy la siguiente orden (no yo sino el Señor): que la mujer no se separe de su esposo.* ¹¹ *Sin embargo, si se separa, que no se vuelva a casar; de lo contrario, que se reconcilie con su esposo. Así mismo, que el hombre no se divorcie de su esposa.*

¹² *A los demás les digo yo (no es mandamiento del Señor): Si algún hermano tiene una esposa que no es creyente, y ella consiente en vivir con él, que no se divorcie de ella.* ¹³ *Y si una mujer tiene un esposo que no es creyente, y él consiente en vivir con ella, que no se divorcie de él.* ¹⁴ *Porque el esposo no creyente ha sido santificado por la unión con su esposa, y la esposa no creyente ha sido santificada por la unión con su esposo creyente. Si así no fuera, sus hijos serían impuros, mientras que, de hecho, son santos.*

¹⁵ *Sin embargo, si el cónyuge no creyente decide separarse, no se lo impidan. En tales circunstancias, el cónyuge creyente queda sin obligación; Dios nos ha llamado a vivir en paz.* ¹⁶ *¿Cómo sabes tú, mujer, si acaso salvarás a tu esposo? ¿O cómo sabes tú, hombre, si acaso salvarás a tu esposa?*

¹⁷ *En cualquier caso, cada uno debe vivir conforme a la condición que el Señor le asignó y a la cual Dios lo ha llamado. Ésta es la norma que establezco en todas las iglesias.* ¹⁸ *¿Fue llamado alguno estando ya circuncidado? Que no disimule su condición. ¿Fue llamado alguno sin estar circuncidado? Que no se circuncide.* ¹⁹ *Para nada cuenta estar o no estar circuncidado; lo que importa es cumplir los mandatos de Dios.* ²⁰ *Que cada uno permanezca en la condición en que estaba cuando Dios lo llamó.* ²¹ *¿Eras esclavo cuando fuiste llamado? No te preocupes, aunque si tienes la oportunidad de conseguir tu libertad, aprovéchala.* ²² *Porque el que era esclavo cuando el Señor lo llamó es un liberto del Señor; del mismo modo, el que era libre cuando fue llamado es un esclavo de Cristo.* ²³ *Ustedes fueron comprados por un precio; no se vuelvan esclavos de nadie.* ²⁴ *Hermanos, cada uno permanezca ante Dios en la condición en que estaba cuando Dios lo llamó.*

²⁵ *En cuanto a las personas solteras, no tengo ningún mandato del Señor, pero doy mi opinión como quien por la misericordia del Señor es digno de confianza.* ²⁶ *Pienso que, a*

causa de la crisis actual, es bueno que cada persona se quede como está. [27] *¿Estás casado? No procures divorciarte. ¿Estás soltero? No busques esposa.* [28] *Pero si te casas, no pecas; y si una joven se casa, tampoco comete pecado. Sin embargo, los que se casan tendrán que pasar por muchos aprietos, y yo quiero evitárselos.*

[29] *Lo que quiero decir, hermanos, es que nos queda poco tiempo. De aquí en adelante los que tienen esposa deben vivir como si no la tuvieran;* [30] *los que lloran, como si no lloraran; los que se alegran, como si no se alegraran; los que compran algo, como si no lo poseyeran;* [31] *los que disfrutan de las cosas de este mundo, como si no disfrutaran de ellas; porque este mundo, en su forma actual, está por desaparecer.*

[32] *Yo preferiría que estuvieran libres de preocupaciones. El soltero se preocupa de las cosas del Señor y de cómo agradarlo.* [33] *Pero el casado se preocupa de las cosas de este mundo y de cómo agradar a su esposa;* [34] *sus intereses están divididos. La mujer no casada, lo mismo que la joven soltera, se preocupa de las cosas del Señor; se afana por consagrarse al Señor tanto en cuerpo como en espíritu. Pero la casada se preocupa de las cosas de este mundo y de cómo agradar a su esposo.* [35] *Les digo esto por su propio bien, no para ponerles restricciones sino para que vivan con decoro y plenamente dedicados al Señor.*

[36] *Si alguno piensa que no está tratando a su prometida como es debido, y ella ha llegado ya a su madurez, por lo cual él se siente obligado a casarse, que lo haga. Con eso no peca; que se casen* [37] *Pero el que se mantiene firme en su propósito, y no está dominado por sus impulsos sino que domina su propia voluntad, y ha resuelto no casarse con su prometida, también hace bien.* [38] *De modo que el que se casa con su prometida hace bien, pero el que no se casa hace mejor.*

[39] *La mujer está ligada a su esposo mientras él vive; pero si el esposo muere, ella queda libre para casarse con quien quiera, con tal de que sea en el Señor.* [40] *En mi opinión, ella será más feliz si no se casa, y creo que yo también tengo el Espíritu de Dios.*

11

Matrimonio y divorcio

1 Corintios 7

Pablo no era un gran aficionado del matrimonio, pero este apóstol soltero que vivió hace 2000 años tiene mucho que enseñarnos. Este es un capítulo complicado y difícil (como todo matrimonio), y controvertido (igual que muchas cosas en esta carta). Siempre es delicado tocar la vida íntima de un hombre, y Pablo tiene directivas muy claras sobre las relaciones sexuales, el equilibrio de la familia y el servicio para el Señor, y el divorcio y la posibilidad de volver a casarse.

¿Es mejor no casarse?

El capítulo comienza con esta rara afirmación que nos llama la atención: *Es mejor no tener relaciones sexuales*. Pablo está tan feliz como soltero que dice que *preferiría que todos fueran como yo* (v. 7). Pero luego, como una concesión, admite que es un don vivir sin sexo (¡un don que la mayoría no quiere!). Otra vez dice que *sería mejor que se quedaran como yo* (v. 8). ¿Por qué está en contra del matrimonio?

- Parece que hubo una crisis en Corinto, y cree que en esas circunstancias no es el momento de buscar una esposa (v. 26).
- Quiere que el creyente sea *libre de preocupaciones* (v. 32); libre para servir a Cristo. Quiere que *vivamos con decoro y plenamente dedicados al Señor* (v. 35).

- El soltero *se preocupa de las cosas del Señor y de cómo agradarlo* (v. 32). La mujer soltera (v. 34) *se afana por consagrarse al Señor tanto en cuerpo como en espíritu.*
- Por otro lado, *el casado se preocupa de las cosas de este mundo y de cómo agradar a su esposa* (v. 33), y *la casada se preocupa de las cosas de este mundo y de cómo agradar a su esposo* (v. 34). ¡Y nosotros los hombres estamos felices de que ella se preocupe así! Es lógico, y no es pecado, pero es cierto que los intereses de los casados están divididos (v. 34), y más aún si tienen hijos.
- *Los que se casan tendrán que pasar por muchos aprietos* (v. 28). La Reina Valera dice que *tendrán aflicción de la carne.* ¡Conozco a demasiados que lo han experimentado!

Así que algunos tomarán la decisión de negarse a los placeres del matrimonio para dedicarse al servicio del Señor. No debes hacerlo por obligación, pero Pablo dice que realmente es mejor no casarse. La mayoría de nosotros no tenemos esa actitud; lo vemos más como una maldición de no estar casados, e incluso despreciamos a los católicos que renuncian al matrimonio para servir a Dios.

Vive con la mente que este mundo está por desaparecer

Aparte de la crisis en Corinto, Pablo nos da un principio que se aplica hasta que Cristo venga (vv. 29-31). Nos queda poco tiempo para evangelizar y edificar la iglesia. La mies es mucha y los obreros son pocos. Si fue la verdad hace 2000 años, ¡imagina cuán poco tiempo nos queda ahora! ¡Aún más, debemos prestar atención a estas palabras!

- *Los que tienen esposa deben vivir como si no la tuvieran.*
- *Los que lloran, como si no lloraran.*
- *Los que se alegran, como si no se alegraran.*

- *Los que compran algo, como si no lo poseyeran.*
- *Los que disfrutan de las cosas de este mundo, como si no disfrutaran de ellas.*

¡Esto va mucho más allá del matrimonio! Toca nuestro estilo de vida. No dice que no debas hacer estas cosas; no es pecado disfrutar de las cosas del mundo, pero no debemos centrarnos en ellas. No te aferres a tus posesiones. ¿Por qué? Porque este mundo, en su forma actual, está por desaparecer. Este mundo no es nuestro hogar. Claro que Pablo no está diciendo que el esposo sea libre para vivir como soltero; eso sería una contradicción con otros versículos del mismo capítulo, pero la prioridad para cada creyente es el servicio al Señor.

¿Y la familia?

El verso 29 es muy controvertido, porque la enseñanza prevalente hoy es que la familia tiene prioridad sobre nuestro servicio a Dios. El Nuevo Testamento es claro en que alguien con su familia en desorden no es apto para ser un líder en la iglesia.

> *El que fuere irreprensible, marido de una sola mujer, y tenga hijos creyentes que no estén acusados de disolución ni de rebeldía* (Tito 1:6).

> *Que gobierne bien su casa, que tenga a sus hijos en sujeción con toda honestidad (pues el que no sabe gobernar su propia casa, ¿cómo cuidará de la iglesia de Dios?)* (1 Timoteo 3:4-5).

Es cierto que un hombre tiene que amar a su esposa como Cristo ama a la iglesia (Efesios 5:25), y en esta misma carta (9:5), Pablo dice que los apóstoles viajaron con sus esposas.

Pero no estamos bajo la ley, y yo creo que no hay ninguna norma que aplique a cada familia y matrimonio. En algunas situaciones, la familia necesita más atención, y en otras, quizás si no hay hijos, pueden dedicarse más libremente a la obra de la iglesia. La pareja debe buscar a Dios juntos y llegar a un acuerdo, guiados por el Espíritu Santo. De lo que ya dijo Pablo, está claro que el hombre casado no puede dedicar tanto tiempo a la iglesia como el soltero. Pero un matrimonio sano tiene mucho que contribuir a la edificación de todos los miembros de la iglesia. Un matrimonio feliz da mucho ánimo a un pastor; un matrimonio problemático le quita mucha energía y paz.

La actitud de Jesús hacia la familia

Es interesante que Jesús nunca instruyó a sus discípulos (de lo que tenemos registrado en los evangelios) sobre sus responsabilidades familiares. No vio ningún inconveniente en llamarlos a dejar todo (incluso sus familias, se supone) para que lo sigan y viajen juntos. De hecho, Jesús dijo algunas cosas que nos dan qué pensar, con nuestro enfoque actual en la familia (hasta casi hacerla un ídolo).

> *¿Pensáis que he venido para dar paz en la tierra? Os digo: No, sino disensión. Porque de aquí en adelante, cinco en una familia estarán divididos, tres contra dos, y dos contra tres. Estará dividido el padre contra el hijo, y el hijo contra el padre; la madre contra la hija, y la hija contra la madre; la suegra contra su nuera, y la nuera contra su suegra* (Lucas 12:51-53).

> *Entonces Pedro dijo: He aquí, nosotros hemos dejado nuestras posesiones y te hemos seguido. Y él les dijo: De cierto os digo, que no hay nadie que haya dejado casa, o padres, o hermanos, o*

mujer, o hijos, por el reino de Dios, que no haya de recibir mucho más en este tiempo, y en el siglo venidero la vida eterna (Lucas 18:28-30).

Si alguno viene a mí, y no aborrece a su padre, y madre, y mujer, e hijos, y hermanos, y hermanas, y aun también su propia vida, no puede ser mi discípulo. Y el que no lleva su cruz y viene en pos de mí, no puede ser mi discípulo (Lucas 14:26-27).

Iban por el camino cuando alguien le dijo: —Te seguiré a dondequiera que vayas.

—Las zorras tienen madrigueras y las aves tienen nidos —le respondió Jesús—, pero el Hijo del hombre no tiene dónde recostar la cabeza.

A otro le dijo: —Sígueme.

—Señor —le contestó—, primero déjame ir a enterrar a mi padre.

—Deja que los muertos entierren a sus propios muertos, pero tú ve y proclama el reino de Dios —le replicó Jesús.

Otro afirmó: —Te seguiré, Señor; pero primero déjame despedirme de mi familia.

Jesús le respondió: —Nadie que mire atrás después de poner la mano en el arado es apto para el reino de Dios (Lucas 9:57-62).

Y Él dijo de su propia madre y familia, cuando ellos fueron a visitarlo:

Mientras él aún hablaba a la gente, he aquí su madre y sus hermanos estaban afuera, y le querían hablar. Y le dijo uno: He aquí tu madre y tus hermanos están afuera, y te quieren hablar. Respondiendo él al que le decía esto, dijo: ¿Quién es mi madre, y quiénes son mis hermanos? Y extendiendo su mano hacia sus discípulos, dijo: He aquí mi madre y mis hermanos. Porque todo aquel que hace la voluntad de mi Padre que está en los cielos, ése es mi hermano, y hermana, y madre (Mateo 12:47-50).

Una perspectiva del pasado

Cuando leemos libros de muchos años atrás acerca de la familia, queda claro que los autores no eran "iluminados" como nosotros acerca de su importancia.

Albert Barnes fue un teólogo muy estimado en los Estados Unidos en el siglo XIX. Escribió un comentario sobre estos versículos en 1 Corintios:

Esto no significa que deban tratar a sus familias con malicia o negligencia, ni que fallen en los deberes de amor y fidelidad. Deben entender, en un sentido general, que deben vivir por encima del mundo; que no deberían estar excesivamente vinculados a la familia, de modo que estén dispuestos a desprenderse de ella; y que no deben permitir que el apego a ella interfiera con cualquier deber que le deben a Dios. Estaban en un mundo de pruebas y fueron expuestos a persecución. Como cristianos, estaban obligados a vivir enteramente para Dios, y no debían, por lo tanto, permitir que el apego a los amigos terrenales apartara sus afectos o interfiriera con su deber cristiano. En una palabra, deben ser "tan fieles a Dios" y "tan piadosos", en todos los aspectos, como si no tuviesen esposas o amigos terrenales. Tal consagración a Dios es difícil, pero no imposible. Nuestros apegos y cuidados terrenales alejan nuestros afectos de Dios, pero no necesitan hacerlo. En lugar de ser la ocasión para alejar nuestros afectos de Dios, deberían ser, y podrían ser, los medios para atarnos más firmemente y completamente a Él y a su causa. Pero, ¡ay!, cuántos cristianos profesantes viven solo para sus esposas e hijos, y no para Dios en estas relaciones. ¡Cuántos permiten que estos objetos terrenales de apego desvíen sus mentes de los caminos y los mandamientos de Dios, en lugar de hacerles la ocasión de unirlos más tiernamente a Él y a su causa!

De ninguna manera quiero decir que está bien descuidar a la familia. Es obvio que muchas familias pastorales sufren porque el pastor no les dedica suficiente tiempo, y muchos hijos de pastores se alejan del Señor debido al mal ejemplo de su padre. Pero la verdad es que los discípulos de Jesús pasaron bastante tiempo separados de sus familias. Sabemos que incluso después de la resurrección, Pedro, por ejemplo, viajaba mucho.

Muchos han tratado de hacer una distinción entre nuestra relación con Dios y nuestro servicio a Dios. Puede ser que exista una diferencia entre aquellos que tienen un llamado al ministerio de tiempo completo y aquellos que sirven a Dios como parte de su discipulado. Pero una parte esencial de ser cristiano es participar en una iglesia y servir a otros. Y Dios, y lo que Dios exige de nosotros, tiene la prioridad sobre todo lo demás, incluida la familia. Yo creo que no debería ser una competencia entre los dos, sino la sumisión sincera de toda la vida al señorío de Jesucristo. No es una separación rígida bajo una ley, sino libertad de amar y servir guiados por el Espíritu Santo. Yo sé que esto no va a satisfacer a muchos que quieren justificar su opinión (ya sea la prioridad del servicio cristiano o de la familia), y me pueden ver indeciso, pero creo que cada persona y familia debe establecer sus prioridades en la presencia de Dios. No trato de establecer una doctrina basada en un versículo; eso es muy peligroso. Solo quiero presentar algunas perspectivas sobre este asunto para tu oración y reflexión. Tenemos que tomar en serio todas las escrituras, dejar que nuestras perspectivas favoritas sean moldeadas por la Palabra de Dios y no siempre ver la Biblia con las lentes del siglo XXI.

Relaciones matrimoniales

Aunque Pablo tiene varias razones por las que cree que es mejor no casarse, él también es realista. Él sabe que la mayoría se quema de pasión y no puede dominarse. Precisamente por eso, para no caer en inmoralidad y quemarse (y por muchas más razones), Dios ha diseñado el matrimonio.

- El hombre debe cumplir su deber conyugal con su esposa, e igualmente la mujer con su esposo (v. 3). La expectativa es que tengan relaciones con frecuencia y que nunca usen el sexo como un arma contra la otra persona. Pero también tenemos que amar a la mujer como Cristo ama a la iglesia (Efesios 5:25). La mujer no debe sentirse violada.

- *La mujer ya no tiene derecho sobre su propio cuerpo, sino su esposo. Tampoco el hombre tiene derecho sobre su propio cuerpo, sino su esposa* (v. 4). ¡Al hombre le gusta este versículo! Como una sola carne, debe haber intimidad y el deseo de complacer al otro.

- *No se nieguen el uno al otro* (v. 5).

- La única excepción sería *de común acuerdo, y solo por un tiempo, para dedicarse a la oración* (v. 5). Ambos tienen que estar de acuerdo.

- Si por alguna razón no hay relaciones, *no tarden en volver a unirse nuevamente*. Si una pareja no tiene relaciones como Dios lo ha planeado, *pueden caer en tentación de Satanás* (v. 5). Muchos carecen de dominio propio, y la respuesta que Dios nos ha dado es quedarse satisfechos con su propia esposa. Si tienen relaciones frecuentes, no hay excusa para la inmoralidad. Si hay problemas en la relación íntima, deben buscar ayuda.

Separación y divorcio

Este tema es tan controvertido y delicado que merece un estudio en profundidad, que no es posible en este libro. Yo sé que es muy personal y doloroso para muchos. No quiero condenar a nadie, sino presentar claramente lo que dice la Biblia.

Hay tres fundamentos importantes del Antiguo Testamento para ayudarnos a entender lo que Pablo dice aquí:

1. El plan original de Dios para el matrimonio es una unión permanente de por vida.

- *Por tanto, dejará el hombre a su padre y a su madre, y se unirá a su mujer, y serán una sola carne* (Génesis 2:24).
- Dios nunca hizo provisión para el divorcio: *Por la dureza de vuestro corazón Moisés os permitió repudiar a vuestras mujeres; más al principio no fue así* (Mateo

19:8). Claramente un cristiano no debe tener un corazón endurecido.

2. El adulterio, la violación de la santa unión del hombre y la mujer, es un pecado muy grave.

- Es prohibido en los Diez Mandamientos: *No cometerás adulterio* (Éxodo 20:14).

- Según la ley de Moisés, el adúltero murió: *»Si alguien comete adulterio con la mujer de su prójimo, tanto el adúltero como la adúltera serán condenados a muerte* (Levítico 20:10); *»Si un hombre es sorprendido durmiendo con la esposa de otro, los dos morirán, tanto el hombre que se acostó con ella como la mujer. Así extirparás el mal que haya en medio de Israel* (Deuteronomio 22:22).

- Es auto-destructivo: *Pero el hombre que comete adulterio es un necio total, porque se destruye a sí mismo* (Proverbios 6:32).

- Un problema con el divorcio es que fácilmente puede conducir al adulterio: *Cualquiera que repudia a su mujer y se casa con otra, comete adulterio contra ella; y si la mujer repudia a su marido y se casa con otro, comete adulterio* (Marcos 10:11-12).

- Pablo dijo (6:9) que el que permanece en el pecado de adulterio no es salvo; no entrará en el reino de los cielos.

3. Dios odia el divorcio: *«Yo aborrezco el divorcio —dice el Señor, Dios de Israel* (Malaquías 2:16).

- Pablo dijo que la unión de un hombre y una mujer es parecida a la unidad de Cristo y su iglesia (Efesios 5:27-32).

- Jesús dijo: *Al principio de la creación, varón y hembra los hizo Dios. Por esto dejará el hombre a su padre y a su madre, y se unirá a su mujer, y los dos serán una sola carne; así que no son ya más dos, sino uno. Por tanto, lo que Dios juntó, no lo separe el hombre* (Marcos 10:6-9). Ningún hombre debe separar lo que Dios ha juntado. El decreto de un tribunal no cambia el hecho de que son una sola carne.

La enseñanza de Pablo aquí se deriva de ese entendimiento:

- El Señor nos da el mandato: *La mujer no se separe de su esposo* (v. 10).
- *La mujer está ligada a su esposo mientras él vive* (v. 39). Pablo lo afirma otra vez en Romanos 7:2: *Porque la mujer casada está sujeta por la ley al marido mientras éste vive.*
- *El hombre no se divorcie de su esposa* (v. 11).
- A pesar de este mandato, si por alguna razón se separan, *que no se vuelva a casar* (con otro). La única opción es la reconciliación con el cónyuge (v. 11).

Hay un caso especial si uno acepta a Cristo y el otro no es creyente:

- *Si la esposa que no es creyente consiente en vivir con él, que no se divorcie de ella* (v. 12); lo mismo para un esposo que no es creyente (v. 13).

- *Si el cónyuge no creyente decide separarse, no se lo impidan. El cónyuge creyente queda sin obligación* (v. 15). Ten en cuenta que Pablo dice "separarse", y no "divorciarse".

- *Dios nos ha llamado a vivir en paz* (v. 15). Podemos asumir que no habría paz si el incrédulo se viera obligado a quedarse cuando no quiere. Este verso, en el contexto, se aplica sólo a esta situación. Algunos lo han usado para racionalizar un divorcio.

- Algo que no entendemos muy bien sucede en el espíritu del incrédulo casado con una creyente: el incrédulo es santificado por la unión con su esposa o esposo, y por medio de la presencia del creyente, los hijos son santos (v. 14). Esto no significa que sean salvos, pero la presencia del creyente en la intimidad de la familia tiene una influencia santificadora en todo el hogar.

¿Es posible casarse por segunda vez?

- *Si el esposo muere, ella queda libre para casarse con quien quiera* (v. 39), y se supone que también se aplica a un viudo, pero Pablo cree que sería más feliz si no se casara (v. 40). Pablo afirma lo mismo en Romanos: *Si el marido muere, ella queda libre de la ley del marido. Así que, si en vida del marido se uniere a otro varón, será llamada adúltera; pero si su marido muriere, es libre de esa ley, de tal manera que si se uniere a otro marido, no será adúltera* (Romanos 7:2-3).

- La persona tiene que ser *en el Señor* (v. 39). Es un principio claro del Antiguo y del Nuevo Testamento. Los creyentes solo pueden casarse con otros creyentes. Una de las tentaciones más comunes es tener una novia que no conoce al Señor.

Esta es la única situación en la que la Biblia claramente dice que es lícito volver a casarse. Muchos han creído que el verso 15, en el que un incrédulo deja al cónyuge, le da permiso al creyente para casarse de nuevo. Pero Pablo no dice eso; simplemente afirma que el creyente está "sin obligación" de hacer un esfuerzo por mantener el matrimonio. Otra vez, este es un área gris, y no quiero ser dogmático. Pero en estas áreas, especialmente cuando se trata de mi salvación, más vale prevenir que curar, sobre todo porque no será posible curar después de la muerte.

Los eruditos del pasado no estaban tan dispuestos a concedernos la libertad de volver a casarnos. Albert Barnes (a quien cité antes) escribió:

"Un hermano o una hermana no está obligado"... Muchos han asumido que esto significa que estarían libres para casarse de nuevo cuando la esposa o el marido no creyentes se hubieran ido; pero esto es contrario a la línea del argumento del apóstol. El significado de la expresión "no está obligado" es que si él se va, el que permanece no está obligado por el lazo matrimonial a hacer provisión para el que partió. No se deben realizar actos que puedan ser perjudiciales para la religión mediante un esfuerzo violento para obligar al esposo o a la esposa que se marcha a vivir con el que queda, pero que tiene la libertad de vivir por separado, y debe considerarse que es apropiado hacerlo.

El Nuevo Testamento Griego del Expositor dice del verso 15:

Si la libertad de los inocentes divorciados se extiende al nuevo matrimonio, no aparece: la Iglesia Romana toma una opinión negativa; la Iglesia Luterana dice: "en vista de 1 Corintios 7:11, la inferencia de que el divorciado debe permanecer soltero es la más segura".

Y un teólogo (Woodford) escribió en 1881:

La separación aquí mencionada no es una separación que permita al hombre o la mujer cristianos casarse de nuevo durante la vida del cónyuge pagano. Es separación, no divorcio.

La "excepción" de Mateo

Muchos cristianos, basado en dos pasajes en Mateo, creen que Jesús ofrece una "excepción" que también permite el divorcio:

Pero yo os digo que el que repudia a su mujer, a no ser por causa de fornicación, hace que ella adultere; y el que se casa con la repudiada, comete adulterio (Mateo 5:32).

Y yo os digo que cualquiera que repudia a su mujer, salvo por causa de fornicación, y se casa con otra, adultera; y el que se casa con la repudiada, adultera (Mateo 19:9).

El argumento es que Jesús parece dar permiso para casarse con otra si es *"por causa de fornicación"*. El problema es que no dice explícitamente que volver a casarse está bien si hay fornicación. Y el mayor problema es: ¿qué significa cuando Jesús dice *"fornicación"*? No es la palabra griega para adulterio, sino la palabra griega *"porneia"*, que se refiere a cualquier pecado sexual (obviamente la raíz de nuestra palabra "pornografía"). Algunos creen que esta "excepción" es para una pareja comprometida (como José y María), que en ese día requerían un divorcio para terminar el compromiso. Es obvio que Jesús no quiere decir que está bien divorciarse de un cónyuge que se masturba o usa pornografía. Tanto Marcos como Lucas, en el verso paralelo, usan la palabra para adulterar y no incluyen la "excepción". Incluso en el caso de infidelidad, por supuesto, la voluntad de Dios es el arrepentimiento, el perdón y la restauración.

Ya que Jesús habla con tanta claridad sobre el peligro del adulterio en un segundo matrimonio, y el adulterio (si no se arrepiente y abandona la relación adúltera) lo hace imposible entrar en el Reino, yo prefiero estar seguro y no jugar con algo tan serio. Tradicionalmente, ni la Iglesia Católica ni la evangélica han creído que estos versículos permitan que uno se vuelva a casar. Hay muchos libros y estudios en Internet con varios puntos de vista. Te animo a orar mucho y estudiar con un corazón abierto para discernir la verdad.

Las implicaciones

Muchas preguntas surgen de esta enseñanza de casos personales, y mucho miedo, duda y culpa.

- Me divorcié y me casé de nuevo. ¿Debo divorciarme y volver con la primera esposa? ¿Y qué pasa si ella se ha casado con otro? ¿O debería simplemente divorciarme y quedarme soltero?
- Mi esposa es cristiana, pero ella me dejó. ¿Puedo volver a casarme?
- Mi esposo es un abusador. ¿Quiere Dios que yo siga sufriendo ese abuso de por vida?
- ¿Puedo ser perdonado por el adulterio y un divorcio? (¡Claro que sí! Sobre todo si ocurrió antes de conocer a Cristo. No es el pecado imperdonable.)

No es posible en este libro dar consejos para la multitud de posibilidades. Yo sé que es muy doloroso y difícil, pero es inútil pretender que la Biblia no diga lo que claramente dice. ¡Ay de los muchos pastores que no quieren ofender a nadie y no predican la Palabra de Dios! ¡Y aún peor, los pastores que se divorciaron y luego se casaron con otra mujer en la iglesia!

Dios te ama. Tiene una salida para cualquier situación. Hay perdón. Hay esperanza. Solo el Espíritu Santo puede aconsejarte en cada caso sobre lo que debes hacer. Busca a Dios.

Otros temas en este capitulo

Hay dos asuntos más que Pablo toca, que no son tan controvertidos:

- Cada uno debe vivir conforme a la condición que el Señor le asignó y a la que Dios lo llamó (v. 17). Ya sea casado, circuncidado o esclavo, permanece en esa condición hasta que el Señor lo cambie (vv. 17-24).

- Consejos para alguien que tiene una prometida (vv. 25-28 y 36-38).

Hay un tema que Pablo no toca: el matrimonio homosexual. Es obvio que la Biblia duramente condena las relaciones homosexuales, y aún más el matrimonio de un hombre con otro hombre o de una mujer con otra mujer (Levítico 20:13; Romanos 1:24-27).

12

La comida sacrificada a ídolos: lo que significa para ti

1 Corintios 8

Al principio parece que el tema de este capítulo no tiene nada que ver con la vida actual. ¿Quién aún sacrifica la comida a los ídolos? Pero como toda la Biblia, hay unas joyas aquí.

La importancia del amor

¹En cuanto a lo sacrificado a los ídolos, es cierto que todos tenemos conocimiento. El conocimiento envanece, mientras que el amor edifica. ² El que cree que sabe algo, todavía no sabe como debiera saber.³ Pero el que ama a Dios es conocido por él.

Muchos de los corintios ya sabían que nada cambia en la comida sacrificada a un ídolo; el cristiano es libre de comer esa carne. Pero no *todos* lo sabían, y aquellos con más conocimiento (a través del ejercicio de su libertad) hacían tropezar a algunos hermanos. Estaban pecando porque no estaban actuando en amor.

¿Has conocido a alguien que cree que lo sabe todo?

- El adolescente típico cree que sabe más que sus padres.

- Es posible que haya hermanos en la iglesia que hayan estudiado y puedan citar muchas referencias bíblicas, y actúen como si lo supieran todo.
- Hay ateos que creen que pueden refutar todo lo que dice la Biblia.

Está bien estudiar en un instituto bíblico o en un seminario, pero ten cuidado: *el conocimiento envanece*. Fueron las personas bien educadas (los maestros de la ley y los fariseos) quienes se opusieron más a Jesús. Jesús señaló a los niños, que no saben mucho, como los más importantes en el reino de Dios. Alguien que ha estudiado mucho se verá tentado por el orgullo y tendrá que hacer un esfuerzo para mantenerse humilde. En mis veinte años, pensé que sabía mucho, pero con cada año que pasa me doy cuenta de lo poco que sé. *El que cree que sabe algo, todavía no sabe cómo debiera saber.* ¡Fue Pablo, un hombre muy inteligente y muy educado, quien dijo eso!

¡El amor es más importante que el conocimiento! *El amor edifica.* El primer mandamiento es amar a Dios. *El que ama a Dios es conocido por él.* Dios ya lo sabe todo y no está impresionado por tu conocimiento o presentación de él. Él está impresionado por tu amor. Como Pablo escribe más adelante en el capítulo trece, el conocimiento acabará, y luego conoceremos todo por completo. La fe, la esperanza y el amor permanecen, y el mayor de ellos es el amor.

La naturaleza de los ídolos

⁴ De modo que, en cuanto a comer lo sacrificado a los ídolos, sabemos que un ídolo no es absolutamente nada, y que hay un solo Dios. ⁵ Pues aunque haya los así llamados dioses, ya sea en el cielo o en la tierra (y por cierto que hay muchos «dioses» y muchos «señores»), ⁶ para nosotros no hay más que un solo Dios, el Padre, de quien todo procede y para el cual vivimos; y no hay más que un solo Señor, es decir, Jesucristo, por quien todo existe y por medio del cual vivimos.

Los ídolos comunes de esa época son muy raros hoy en día, pero hay una multitud de ídolos en nuestro mundo. ¡Y no son absolutamente nada! ¡No hay competencia entre muchos dioses!

Aquí hay una afirmación interesante sobre la divinidad de Jesucristo. El Padre y el Hijo tienen diferentes títulos y funciones, pero ambos son la fuente y el propósito de todo ser viviente. Pablo los paralela:

- *Dios el Padre, de quien todo procede (o tiene su origen) y para el cual vivimos.*
- *El Señor Jesús, por quien todo existe y por medio del cual vivimos.*

Jesús nos da la razón para vivir: por su Padre. Los dos (con el Espíritu Santo) trabajan juntos.

¿Qué sería la comida sacrificada a ídolos para ti?

En el mundo actual, los ídolos varían según la cultura y el país. Muchos piensan que un vaso de vino de vez en cuando está bien, pero está prohibido para otros; ver a un hermano tomar vino puede hacer tropezar a alguien que fue liberado del alcoholismo.

Mi país (Costa Rica) tradicionalmente ha sido muy católico. Los que han abandonado la iglesia católica creen que algunas de sus prácticas son "idolatría", y participar en ellas es parecido a sacrificar a un ídolo. Entre ellas:

- Participar en fiestas patronales en honor al santo de una ciudad, incluso comprar comida, porque es para el beneficio de la obra de la iglesia católica. Celebrar Navidad o la Semana Santa, dadas las tradiciones de la iglesia católica. Puede incluir no comer tamales (la comida tradicional de Navidad en Costa Rica) o adornar la casa con luces y un árbol.

- Cuando alguien muere y tienen varios días de rosarios, terminan con una comida familiar muy rica. Pero, como es parte de los rosarios, los cristianos creen que si comen esa comida están aprobando la adoración de la Virgen.

Es difícil para cristianos que no fueron criados en la iglesia católica, o que son de otros países, entender el tropiezo en estas cosas. Pero ese es precisamente el punto de Pablo en este capítulo. No importa si tiene razón o no: si sirve para hacer tropezar a un hermano, no voy a participar en él. ¿Qué sería "comida sacrificada a los ídolos" en tu situación?

Libertad

Para concluir, Pablo profundiza en este tema de la libertad, en un pasaje muy parecido a Romanos 14:

7 Pero no todos tienen conocimiento de esto. Algunos siguen tan acostumbrados a los ídolos, que comen carne a sabiendas de que ha sido sacrificada a un ídolo, y su conciencia se contamina por ser débil.8 Pero lo que comemos no nos acerca a Dios; no somos mejores por comer ni peores por no comer.

9 Sin embargo, tengan cuidado de que su libertad no se convierta en motivo de tropiezo para los débiles. 10 Porque si alguien de conciencia débil te ve a ti, que tienes este conocimiento, comer en el templo de un ídolo, ¿no se sentirá animado a comer lo que ha sido sacrificado a los ídolos? 11 Entonces ese hermano débil, por quien Cristo murió, se perderá a causa de tu conocimiento. 12 Al pecar así contra los hermanos, hiriendo su débil conciencia, pecan ustedes contra Cristo. 13 Por lo tanto, si mi comida ocasiona la caída de mi hermano, no comeré carne jamás, para no hacerlo caer en pecado.

La comida sacrificada a los ídolos es una de las muchas cosas que la Biblia no manda ni prohíbe. En realidad, estas cosas no nos acercan ni nos alejan de Dios. No eres superior (más maduro, más fuerte) si participas en ellas, y no eres inferior (débil o ignorante) si no participas. Por otro lado, aquel que es más conservador puede pensar que es un mejor cristiano que el hermano más "liberal" y caer en el orgullo. Todo lo que no se basa en el amor es pecado. En todo, nuestra primera prioridad debe ser amar y edificar a nuestros hermanos y hermanas.

El problema es que la libertad de una persona puede ser motivo de tropiezo para la fe de alguien muy conservador, tal vez criado en un hogar con muchos ídolos. Ese hermano puede creer que es pecado, pero cuando observa que un hermano más maduro participa en ello, decide hacerlo también. Para él sería pecado, y *se perderá a causa de tu conocimiento*. Nuestra libertad puede convertirse en *motivo de tropiezo para los débiles*. La persona con más conocimiento y madurez tiene la responsabilidad de amar y cuidar a su hermano que es más joven en la fe; si insiste en ejercer su libertad, él peca. En el amor, tenemos que acomodarnos con el otro hermano, para no herir *su débil conciencia* (v. 12). Se podría permitir algo, y puedes tener la libertad de hacerlo, pero si *ocasiona la caída de un hermano*, si le hace tropezar, jamás lo hagas.

Mi enfoque en estas áreas "grises" siempre ha sido errar del lado más conservador. Si hay alguna duda, ¿por qué arriesgarse? Más vale prevenir que curar.

- ¿Estás luchando con algo que no está muy claro en la Biblia? Ni blanco ni negro, sino de color gris.
- ¿Estás envanecido por tu conocimiento?
- ¿Condenas a alguien que tiene un entendimiento más amplio de lo que está permitido para un cristiano?

- ¿Hay alguna área en la que estás causando que alguien se tropiece?

En todo, el amor y la edificación del hermano tienen prioridad.

13

Un obrero del Señor

1 Corintios 9

¹¿No soy libre? ¿No soy apóstol? ¿No he visto a Jesús nuestro Señor? ¿No son ustedes el fruto de mi trabajo en el Señor? ² Aunque otros no me reconozcan como apóstol, ¡para ustedes sí lo soy! Porque ustedes mismos son el sello de mi apostolado en el Señor.

³ Ésta es mi defensa contra los que me critican: ⁴¿Acaso no tenemos derecho a comer y a beber? ⁵¿No tenemos derecho a viajar acompañados por una esposa creyente, como hacen los demás apóstoles y Cefas y los hermanos del Señor? ⁶¿O es que sólo Bernabé y yo estamos obligados a ganarnos la vida con otros trabajos?

De lo que ya hemos estudiado, es obvio que no es fácil ser un cristiano, y aún más difícil ser un líder en la iglesia de Jesucristo. Hoy reconocemos a Pablo como un gran apóstol del Señor, pero no siempre fue así:

- Como no era uno de los doce discípulos de Jesús (tuvo su encuentro con Cristo después de la ascensión del Señor, de camino para Damasco), y había perseguido a la iglesia, muchos nunca lo reconocieron como apóstol (v. 2).
- Muchos lo criticaron (v. 3).
- Siempre tuvo que luchar por los derechos que disfrutaban los otros apóstoles (vv. 4-6).

Pablo podía aceptar eso; era un hombre muy fuerte. Pero mucho más difícil para él fue el rechazo de los corintios después de todo lo que él invirtió en ellos. Él vio a ellos como el sello de su apostolado y el fruto de sus labores (v. 1). Él tenía que preservar esa fruta y restablecer su relación con ellos.

Qué pena que incluso en ese día había una competencia entre los líderes de la iglesia, la cual todavía existe hoy en día. Hay algunos pastores muy populares, con mucha influencia, mientras que otros, tal vez sin estudios o con iglesias pequeñas, siempre tienen que defender su llamado. Algunos reciben un salario de la iglesia, pero otros, como Pablo y Bernabé, tienen que trabajar a tiempo completo en otro empleo (v. 6). Puede ser que tú también hayas dedicado mucho tiempo, amor y energía a una iglesia. Puedes tener frutos después de años de ministerio, pero parece que nadie reconoce tus labores. No te preocupes; Pablo puede simpatizar contigo. Tu trabajo en el Señor nunca es en vano.

El derecho del obrero cristiano a recibir pago de la iglesia

7 ¿Qué soldado presta servicio militar pagándose sus propios gastos? ¿Qué agricultor planta un viñedo y no come de sus uvas? ¿Qué pastor cuida un rebaño y no toma de la leche que ordeña? 8 No piensen que digo esto solamente desde un punto de vista humano. ¿No lo dice también la ley? 9 Porque en la ley de Moisés está escrito: «No le pongas bozal al buey mientras esté trillando.» ¿Acaso se preocupa Dios por los bueyes, 10 o lo dice más bien por nosotros? Por supuesto que lo dice por nosotros, porque cuando el labrador ara y el segador trilla, deben hacerlo con la esperanza de participar de la cosecha. 11 Si hemos sembrado semilla espiritual entre ustedes, ¿será mucho pedir que cosechemos de ustedes lo material? 12 Si otros tienen derecho a este sustento de parte de ustedes, ¿no lo tendremos aún más nosotros?

Sin embargo, no ejercimos este derecho, sino que lo soportamos todo con tal de no crear obstáculo al evangelio de Cristo. [13] ¿No saben que los que sirven en el templo reciben su alimento del templo, y que los que atienden el altar participan de lo que se ofrece en el altar? [14] Así también el Señor ha ordenado que quienes predican el evangelio vivan de este ministerio.

[15] Pero no me he aprovechado de ninguno de estos derechos, ni escribo de esta manera porque quiera reclamarlos. Prefiero morir a que alguien me prive de este motivo de orgullo. [16] Sin embargo, cuando predico el evangelio, no tengo de qué enorgullecerme, ya que estoy bajo la obligación de hacerlo. ¡Ay de mí si no predico el evangelio! [17] En efecto, si lo hiciera por mi propia voluntad, tendría recompensa; pero si lo hago por obligación, no hago más que cumplir la tarea que se me ha encomendado. [18] ¿Cuál es, entonces, mi recompensa? Pues que al predicar el evangelio pueda presentarlo gratuitamente, sin hacer valer mi derecho.

El dinero era un tema delicado para los corintios, y aún lo es para muchos hoy. Pablo lo sabe, y comienza la defensa de su derecho de apoyo financiero con tres ejemplos de la vida diaria (v. 7):

- Un soldado no tiene que pagar sus propios gastos.
- Un agricultor que planta una viña puede comer sus uvas.
- Un pastor que cuida una manada de vacas o cabras puede tomar su leche.

El granjero que ara y la segadora que trilla deben hacerlo con la esperanza de participar en la cosecha (v. 10), como lo ordena la ley de Moisés: *No le pongas bozal al buey mientras esté trillando* (Deuteronomio 25:4).

- *Los que sirven en el templo reciben su alimento del templo* (v. 13).

- *Los que atienden el altar participan de lo que se ofrece en el altar* (v. 13).
- *El Señor ha ordenado que quienes predican el evangelio vivan de este ministerio* (v. 14, Mateo 10:10).

Pablo presenta un caso muy convincente. No es un pecado estar motivado por la posibilidad de una hermosa cosecha, ni es un pecado recoger algo material de la semilla espiritual que se siembra (v. 11). Parece que en Corinto sustentaban a otros, pero no a Pablo, quien tenía más derecho para ello (v. 12).

Está claro que tenían el derecho, pero Pablo y sus compañeros no lo ejercieron (v. 12). De hecho, preferiría morir antes que perder mi derecho a jactarme de predicar sin cobrar (v. 15). Pablo tenía una especie de orgullo por no aceptar fondos de ellos (v. 16). (Es algo un poquito extraño que vemos varias veces en su carácter.) Aun más importante que el dinero, Pablo no quiso crear ningún obstáculo para el evangelio de Cristo (v. 12). Pablo no predicó para obtener ganancias financieras, sino para cumplir con la tarea que se le encomendó (v. 17). ¡Me gustaría que los siervos del Señor tuviesen esa mentalidad hoy! La cuestión del dinero pone muchos obstáculos para el crecimiento del evangelio. Qué bueno sería presentar el evangelio gratuitamente, como lo hizo Pablo.

Un ministerio humilde y encarnado

[19] *Aunque soy libre respecto a todos, de todos me he hecho esclavo para ganar a tantos como sea posible.* [20] *Entre los judíos me volví judío, a fin de ganarlos a ellos. Entre los que viven bajo la ley me volví como los que están sometidos a ella (aunque yo mismo no vivo bajo la ley), a fin de ganar a éstos.* [21] *Entre los que no tienen la ley me volví como los que están sin ley (aunque no estoy libre de la ley de Dios sino comprometido con la ley de Cristo), a fin de ganar a los que están sin ley.* [22] *Entre los débiles*

me hice débil, a fin de ganar a los débiles. Me hice todo para todos, a fin de salvar a algunos por todos los medios posibles. ^{23} *Todo esto lo hago por causa del evangelio, para participar de sus frutos.*

El modelo que Cristo nos ofrece para el ministerio es la encarnación: una identificación radical con nosotros, hasta el punto de tomar nuestra carne. Jesús tomó la naturaleza de un siervo humilde. Tu actitud debe ser como la de Cristo Jesús (Filipenses 2:5-8). Somos libres en Cristo, pero por amor nos convertimos en esclavos para ganar al mayor número posible (v. 19). ¡Basta de pastores perezosos y egocéntricos que casi no trabajan y no quieren ser molestados con las necesidades de su rebaño! Se puede aplicar las advertencias de Ezequiel 34 a muchos pastores hoy. Dios nos llama a hacer todo lo posible y todo lo necesario para ganar a alguien para el Señor.

- Entre los judíos, Pablo se volvió judío. *Entre los que viven bajo la ley me volví como los que están sometidos a ella (aunque yo mismo no vivo bajo la ley)* (v. 20). Obviamente, eso no fue difícil para un exfariseo como Pablo, pero él optó por obedecer algunas leyes a las que no se vio obligado a obedecer para que su mensaje fuese escuchado.
- Entre los gentiles se volvió como gentil (v. 21).
- Entre los débiles se hizo débil (v. 22).
- Hizo igual para todos; *se hace igual a todos* (DHH); *con todos se trata de encontrar algo que tengan en común* (v. 22, NTV).

Queremos utilizar todos los medios posibles (sin comprometer nuestra integridad) para salvar a todos los posibles. No es para que puedas ser famoso, sino por el bien del Evangelio. No había nada condescendiente o falso en lo que hizo Pablo. Él era libre de hacer esto porque estaba seguro de su propia identidad. Sin comprometer tu fe, haz todo lo posible para identificarte con otras personas, compartiendo su estilo de vida, su comida, su ropa y su idioma. Eso significa que tenemos que observar y estudiar a la gente que queremos alcanzar, para poder identificarnos con ellos.

¿Estás siguiendo este modelo en tu ministerio?

- ¿Tienes que humillarte y dejar tu comodidad para entrar más en el mundo de otros?
- ¿Hay situaciones en las que te has acomodado demasiado a la cultura?
- ¿Cómo está tu iglesia? ¿Está tan alejada de la gente que no puede identificarse con nadie?

Deja que el Espíritu te lleve al equilibrio correcto y recuerda que el propósito es ganarlos para Cristo. ¡Pero no diluyas el Evangelio! Pablo ciertamente no lo hizo.

¡Persigue el premio!

24 ¿No saben que en una carrera todos los corredores compiten, pero sólo uno obtiene el premio? Corran, pues, de tal modo que lo obtengan. 25 Todos los deportistas se entrenan con mucha disciplina. Ellos lo hacen para obtener un premio que se echa a perder; nosotros, en cambio, por uno que dura para siempre. 26 Así que yo no corro como quien no tiene meta; no lucho como quien da golpes al aire. 27 Más bien, golpeo mi cuerpo y lo domino, no sea que, después de haber predicado a otros, yo mismo quede descalificado.

Pablo termina el capítulo con un desafío para nosotros en el ministerio y para cada cristiano.

- *En una carrera todos los corredores compiten, pero solo uno obtiene el premio.* Las buenas nuevas para la carrera cristiana son que todos pueden obtener el premio.
- Los atletas entrenan con mucha disciplina para obtener un premio que se echa a perder (vv. 24-25).

¿Qué significa para ti?

- *Corre de tal modo que obtengas el premio* (v. 24), lo cual requiere una dedicación total, con los ojos fijos en el premio.
- Entrénate con mucha disciplina para ganar un premio que dura para siempre.
- Corre como alguien que tiene una meta (v. 26).
- Lucha con un propósito, no como alguien que da golpes al aire.
- Golpea tu cuerpo y domínalo (v. 27).
- Incluso para Pablo, existía la posibilidad de predicar a otros y aún quedar descalificado.

¡Este es un gran desafío para nosotros! ¿Cómo te va en la carrera?

- ¿Estás cansado?
- ¿Desanimado?
- ¿Te parece imposible ganar el premio?
- ¿Has tirado la toalla?
- ¿Estás vagando sin rumbo? ¿Has perdido tu meta, tu propósito? ¿Pierdes tu tiempo y tu energía? ¿Es hora de acercarte más a Dios y evaluar tu vida?
- ¿Estás dando golpes al aire? A la misma vez, ¿está el verdadero enemigo dándote golpes?
- ¿Cómo está tu disciplina? ¿Estás dominando tu cuerpo y sus deseos? ¿O eres su esclavo para cada deseo de alimento, descanso y placer?

¡Levántate y lucha con propósito! ¡Vuelve a la carrera!

- ¡Vuelve al ring de boxeo!
- ¡Golpea tu cuerpo!
- ¡No te rindas!
- ¡No quedes descalificado en la carrera!
- Si te cuesta correr porque has descuidado tu cuerpo con falta de descanso, ejercicio y buen alimento, tómate un tiempo para recuperar el equilibrio.

Es posible comenzar la carrera muy bien. Muchos lo hacen. Pero lo importante es perseverar. Lo importante es cómo terminas la carrera. Por desgracia, hay muchos descalificados. No quiero que tú estés entre ellos.

Apóstoles hoy en día

Hoy hablan mucho de apóstoles. Hace cincuenta años casi nadie reclamaba ser apóstol; ¡hoy parece que todos quieren ser apóstoles! Aprendemos muchas cosas acerca del apostolado en las cartas de Pablo. En este capítulo hemos visto que:

- El sello del apostolado es una congregación que estableció y supervisa (v. 2).
- El apóstol tiene el derecho de comer y beber en el lugar donde está ministrando (v. 4). Tiene el derecho de sustento de la iglesia que fundó (vv. 11-12). No se debe obligar al apóstol a ganarse la vida con otros trabajos (v. 6).
- Un apóstol viaja y tiene el derecho de ser acompañado por su esposa (v. 5).
- Los hermanos carnales de Jesús fueron incluidos entre los apóstoles, tuvieron esposas y viajaron.

- Siempre en el Nuevo Testamento los apóstoles eran varones. Parece que la mayoría de ellos estaban casados con una mujer creyente.

El estudio de la vida y las cartas de Pablo nos recuerda que no es fácil servir al Señor. ¡Es aún más difícil para el apóstol!

14

Cómo no ser descalificado de la carrera

1 Corintios 10:1-13

Lamentablemente, debido a las divisiones artificiales entre los capítulos de la Biblia, casi siempre leemos este capítulo aparte del capítulo 9, pero ese contexto es esencial para entenderlo. Pablo acaba de terminar con dos temas:

- Correr la carrera para ganar el premio, practicando el autodominio estricto.
- La posibilidad de quedar descalificado después de predicar y ministrar para el Señor.

Un ejemplo de ser descalificado y perder la carrera

¹No quiero que desconozcan, hermanos, que nuestros antepasados estuvieron todos bajo la nube y que todos atravesaron el mar. ² Todos ellos fueron bautizados en la nube y en el mar para unirse a Moisés. ³ Todos también comieron el mismo alimento espiritual ⁴ y tomaron la misma bebida espiritual, pues bebían de la roca espiritual que los acompañaba, y la roca era Cristo.

La mayoría de los israelitas en el desierto fueron descalificados a pesar de experimentar maravillas del Señor:

- Todos estuvieron bajo la nube (la columna de nube y fuego cuando salieron de Egipto; guiados físicamente y protegidos por el Señor).
- Todos atravesaron el mar Rojo (en el éxodo; Dios salvó a todos con un gran milagro, ve Éxodo 14).
- Hubo una especie de bautismo, uniéndolos a Moisés, cuando pasaron por las aguas. Como pueblo, se unieron bajo el plan redentor de Dios y sometidos al liderazgo de Moisés. Es semejante a nuestra sumisión al Señor Jesucristo y al plan de salvación. Moisés es un tipo de Jesús.
- Todos comieron el mismo alimento espiritual (el maná y la rica palabra que Moisés trajo directamente de la presencia de Dios).
- Todos tomaron la misma bebida espiritual (agua que salió milagrosamente de las rocas).

Ahora Pablo introduce un concepto nuevo: no era solo agua; esa roca que apareció de vez en cuando, acompañándolos en el camino y dándoles el agua de vida, fue Cristo. El Salvador mismo estaba con ellos en el éxodo. El alimento espiritual y la bebida espiritual corresponden a la Santa Cena. Posiblemente, "el ángel del Señor" que los acompañaba en el desierto realmente fue Cristo.

¿Qué más quieres?

Tenían todos estos beneficios: la presencia y provisión milagrosa del Señor.

5Sin embargo, la mayoría de ellos no agradaron a Dios, y sus cuerpos quedaron tendidos en el desierto.

Nunca entraron en la tierra prometida. Perecieron. No agradaron a Dios. Y Pablo ya ha advertido a los corintios varias veces en esta carta que ellos no están agradando a Dios. Pueden ser bautizados y participar en la Santa Cena, pero ellos también perecerán si practican el pecado. ¿Cómo es posible perderlo todo cuando Dios hizo tanto por ellos? ¿Cómo podemos fallarle a Dios? ¡Tenemos la salvación, la revelación de la Biblia y el Espíritu Santo!

⁶Todo eso sucedió para servirnos de ejemplo, a fin de que no nos apasionemos por (no codiciemos) lo malo, como lo hicieron ellos.

Tenemos el ejemplo actual de hermanos en Cristo y de otros cristianos y sus escritos a lo largo de los siglos. Pero el mejor ejemplo es Israel. Ellos se apasionaron por lo malo, codiciaron cosas malas y cayeron en estos pecados que nosotros tenemos que evitar:

Idolatría: *⁷No sean idólatras, como lo fueron algunos de ellos, según está escrito: «Se sentó el pueblo a comer y a beber, y se entregó al desenfreno.»* Aquí Pablo habla del becerro de oro (lee lo que sucedió en Éxodo 32), aunque Israel continuamente cayó en la idolatría. Comida...bebida...entregándose al desenfreno... ¿no describe el mundo actual?

Pecado sexual: *⁸No cometamos inmoralidad sexual, como algunos lo hicieron, por lo que en un sólo día perecieron veintitrés mil.* En Números 25 los israelitas se prostituyeron con las moabitas. Dios quiso destruir a todo Israel, pero Fines, el nieto de Aarón, atravesó con una espada a un israelita acostado con una mujer moabita, y así cesó la mortandad. La iglesia está llena de todo tipo de pecado sexual. ¿Cuántos morirían si Dios trajera el mismo juicio sobre nosotros?

Poner a prueba el Señor (tentarlo): *⁹Tampoco pongamos a prueba al Señor, como lo hicieron algunos y murieron víctimas de las serpientes.* ¿Cómo se pone a prueba al Señor? Israel murmuraba contra Él cuando no había agua, desconfiando de Él

(Éxodo 17). En Números 21 se impacientaron y se quejaron de la "pésima comida" (maná y codornices), hablando contra Moisés, Dios y su plan para ellos. Cuestionar al Señor y su provisión y plan para nosotros es ponerlo a prueba. Querían ver hasta dónde podían llegar y aún escapar del castigo de Dios. Muchos cristianos ponen al Señor a prueba para ver cuánto pueden pecar y aún ser salvos.

Murmurar contra Dios: *¹⁰Ni murmuren contra Dios, como lo hicieron algunos y sucumbieron a manos del ángel destructor.* Murmuraban ante la falta de comida y agua, y después del juicio de Dios contra la rebelión de Coré (Números 16). El Señor nos manda dar gracias en todo. Es fácil caer en murmurar y quejarse.

En cada caso, el castigo por el pecado fue la muerte. ¡Y los corintios ya cometieron casi todos estos pecados! ¡Pablo tenía razón al preocuparse por su salvación! ¡No repitas los errores del pasado: los tuyos, los de tus padres o los de Israel!

¹¹ Todo eso les sucedió para servir de ejemplo, y quedó escrito para advertencia nuestra, pues a nosotros nos ha llegado el fin de los tiempos.

¡Presta atención a esta advertencia! Toda la historia fue una preparación para esta temporada de gracia y salvación en Cristo. ¡Qué bendición tener el privilegio de vivir en el fin de los tiempos!

El peligro de la autoconfianza

Los corintios pensaban que eran firmes. Muchos cristianos se creen firmes, pero la confianza en sí mismos es peligrosa.

¹² Por lo tanto, si alguien piensa que está firme, tenga cuidado de no caer.

Posiblemente Pablo estaba pensando de nuevo en la carrera. El diablo anda por ahí, buscando a quién devorar. ¡Ten mucho cuidado con sus tentaciones! Nadie está exento de estos pecados, pero Dios está contigo y te acompaña en la tentación.

Una salida de la tentación

[13]*Ustedes no han sufrido ninguna tentación que no sea común al género humano. Pero Dios es fiel, y no permitirá que ustedes sean tentados más allá de lo que puedan aguantar. Más bien, cuando llegue la tentación, él les dará también una salida a fin de que puedan resistir.*

- Todos sufrimos tentaciones. Tú no has sufrido ninguna tentación ajena al género humano. El diablo te dirá que tu tentación es única o imposible de resistir, pero es una mentira.

- Dios es fiel. Confía en Él. Te ama. Te ayudará. ¡Clama a Él!

- Dios no permitirá que tú seas tentado más allá de lo que puedas soportar (o resistir). Él sabe lo fuerte que eres. Si casi no hay tentación en tu vida, puede ser porque Dios sabe que tu fe es débil. O puede ser que ya hayas resistido mucho la tentación y la hayas vencido. Si la tentación es muy fuerte, puede ser porque Dios sabe que puedes soportarla mucho. Dios es soberano, y la única tentación que te toca es la que Él permite.

- Cuando llega la tentación (no dice si, sino cuando), Dios te dará también una salida a fin de que puedas resistir (o soportar). Tú tienes que resistir. Tienes que desear una salida y tienes que tomar esa salida. Tienes que huir, sin mirar atrás. La verdad es que muchas veces no queremos salir de la tentación. Queremos caer en ella y luego pedir el perdón de Dios. Ten mucho cuidado con eso; estás jugando con Dios.

¡Aprende del mal ejemplo de Israel! ¡No caigas en los mismos pecados! ¡Resiste la tentación y corre hacia la gracia de Jesucristo! Él es fiel y siempre te dará una salida, si quieres tomarla.

15

Ocho consejos para ayudarte a tomar decisiones sabias

1 Corintios 10:23-11:1

Hay algunas cosas en la Biblia que son muy claras. Por ejemplo, los Diez Mandamientos. No hay duda, no hay argumento con ellos. Pero todos los días tenemos que tomar decisiones sin ningún consejo específico de la Biblia, a menudo en cosas que no existían en los tiempos bíblicos. En este resumen de lo que Pablo ha enseñado en los capítulos anteriores, el apóstol nos da unos consejos sencillos (pero profundos) para evaluar nuestras decisiones diarias.

²³ *«Todo está permitido», pero no todo es provechoso. «Todo está permitido», pero no todo es constructivo.*

1. **¿Es provechoso? ¿Me conviene? ¿Me beneficia a mí y a otros?** Es cierto que no estamos bajo la ley, pero hay que ser sabio con esa libertad. Para mí, este consejo elimina muchas películas, juegos, programas de televisión y páginas web. No son provechosos para mí. Pero cada persona tiene la libertad para tomar su propia decisión.

2. **¿Es constructivo? ¿Me ayuda a crecer espiritualmente? ¿Edifica?** Hace muchos años, yo trabajaba como DJ en una radioemisora. Me gusta la música, pero hay mucha música que no me edifica. Aunque puede estar permitida, yo elijo no escucharla. Hay muchas cosas en

Internet que no edifican. Muchas veces, en la vida, lo bueno es el enemigo de lo mejor. La vida es corta; yo quiero dedicarme a cosas constructivas que edifican. [24] *Que nadie busque sus propios intereses sino los del prójimo.*

3. **¿Estoy buscando los intereses de mi prójimo o solo los míos?** Tendemos al egoísmo. Si seguimos este consejo, creo que vamos a dedicar mucho más tiempo y energía a ayudar a otros. En tu hogar, cuando tienes una tarde libre, ¿buscas tus intereses o los de tu esposa e hijos? En tu trabajo, en la carretera y con tu dinero, ¿buscas los intereses de tu prójimo? Hay que hallar un equilibrio sano entre tus intereses y los del prójimo.

[25] *Coman de todo lo que se vende en la carnicería, sin preguntar nada por motivos de conciencia,* [26] *porque «del Señor es la tierra y todo cuanto hay en ella».*

4. **¿Estoy usando lo que Dios me ha dado sabiamente, disfrutándolo conforme a su propósito?** Toda la creación de Dios es buena, hecha para nuestro disfrute: todo lo que Dios ha creado es bueno, y nada es despreciable si se recibe con acción de gracias (1 Timoteo 4:4). Pero debemos ejercer sabiduría y usarla conforme a su propósito. Por ejemplo, el sexo: lo disfrutamos, pero solo en el contexto del matrimonio. O la comida y bebida: si comes demasiada comida o comida mala, el cuerpo sufre.

[31] *En conclusión, ya sea que coman o beban o hagan cualquier otra cosa, háganlo todo para la gloria de Dios.*

5. **¿Estoy glorificando a Dios en esto?** Evalúa tus chistes, tu forma de hablar, lo que escribes en Facebook, tus pensamientos, las fotos y el tiempo en tu trabajo. ¿Estás

glorificando a Dios? ¿Conduce a otros a alabar y honrar a Dios? ¿Pueden ver a Cristo en tu vida? Toda tu vida debe glorificarle. Lamentablemente, los cristianos a menudo no glorifican a su Señor, sino que lo deshonran.

³² *No hagan tropezar a nadie, ni a judíos, ni a gentiles ni a la iglesia de Dios.*

6. **¿Voy a hacer tropezar a alguien con esto?** Puede ser tu esposa, un hermano cristiano o alguien de otra religión. Puede ser una palabra o un hecho, pero siempre queremos edificar y no servir de tropiezo para nadie. Es una parte integral de actuar en amor.

³³ *Hagan como yo, que procuro agradar a todos en todo. No busco mis propios intereses sino los de los demás, para que sean salvos.*

7. **¿Estoy procurando ayudar a otros? ¿O tengo en mente solo mis propios intereses? Lo que quiero hacer, ¿conduce a otros a la salvación?** No es para decir que somos hombres complacientes; queremos complacer a Dios más que al hombre, ¿verdad? Esto significa que actuamos con amor, haciendo todo lo posible por el bien de la iglesia, de la comunidad y, sobre todo, por la salvación de muchos.

¹¹:¹*Imítenme a mí, como yo imito a Cristo.*

8. **¿Hay algún ejemplo a seguir?** ¿Jesús? ¿Tu pastor? ¿Alguien en la Biblia? ¿Otros creyentes maduros? Si yo hago esto, ¿qué ejemplo ofreceré a un hermano joven en la fe? Vive una vida ejemplar, siguiendo el ejemplo de Jesús y de otros hombres piadosos. Hace unos años, fue muy popular el dicho "¿Qué haría Jesús?" Cristo es siempre nuestro mejor ejemplo. Estudia los evangelios y sigue su ejemplo. Cristo también nos da modelos aquí en

la tierra (cristianos maduros), que nos ofrecen un buen ejemplo. ¿Puedes decirle a un cristiano más joven: "¡Imítame a mí!"? ¿Estás imitando a Cristo en toda tu vida?

Es importante que apliques cada uno de estos consejos a una decisión que vas a tomar. Pide la ayuda del Espíritu Santo y espera la confirmación, o presta atención a una inquietud cuando comiences a actuar sobre esa decisión. Ten mucho cuidado con aquellos que andan bajo la ley, con sus muchas reglas. Pero, al mismo tiempo, en nuestro rechazo al legalismo, debemos evaluar todo conforme a cada uno de estos consejos. Por ejemplo, algunas iglesias tienen muchas normas sobre el vestido de las mujeres. Pero al rechazar ese legalismo, muchas mujeres ahora se visten con ropa reveladora, sin pensar en los intereses de sus hermanos, y los hacen tropezar.

16

La Cena del Señor: ¿La estás celebrando de una manera indigna?

1 Corintios 10:14-22 y 11:17-34

Yo crecí en una iglesia que no permitía a nadie participar en la Santa Cena hasta su confirmación, alrededor de los trece años. Cuando era niño, estaba celoso de mis padres (y luego de mi hermana mayor) cuando recibieron la comunión. Pensé que era algo muy especial, un momento íntimo con el Señor. Finalmente llegó el día de mi confirmación y primera comunión. Después de tanta expectativa la recibí, y ¡nada! Esa decepción fue el primer paso para que dejara a la iglesia y al Señor.

Por desgracia, esa es la experiencia de muchos cristianos. Reciben la comunión como una obligación, algo que cada iglesia hace de vez en cuando. Pero muchas veces incluso el pastor no parece muy entusiasmado con la Cena; la celebra al final del servicio cuando todos quieren irse, y dice casi nada al respecto. Los que se criaron en la iglesia católica quieren evitar el misterio y la casi idolatría de la misa, con la creencia de que el vino realmente se convierte en la sangre de Jesús y el pan en su cuerpo. Nosotros creemos que son símbolos (es pan y jugo que tomamos), pero muchos han perdido la creencia de cristianos a lo largo de los siglos de que la Cena es un medio de gracia. Cristo nos ordenó participar en ella; en la mesa se manifiesta su presencia y recibimos su gracia.

En la primera parte del capítulo 10, Pablo nos advierte de la posibilidad de ser descalificados y perder nuestro premio, citando el ejemplo de Israel. Uno de sus pecados fue la idolatría, y Pablo comienza su enseñanza acerca de la Cena con otra advertencia: *Por tanto, mis queridos hermanos, huyan de la idolatría* (v. 14). Los que practicaban la idolatría ofrecían comida y bebida a los ídolos, y también celebraban banquetes como parte de su idolatría. Pablo no quiere ninguna confusión entre ellos y la Santa Cena.

El problema de la idolatría

[19] ¿Qué quiero decir con esta comparación? ¿Que el sacrificio que los gentiles ofrecen a los ídolos sea algo, o que el ídolo mismo sea algo? [20] No, sino que cuando ellos ofrecen sacrificios, lo hacen para los demonios, no para Dios, y no quiero que ustedes entren en comunión con los demonios.

No ocurre nada con la comida sacrificada a un ídolo, que no es más que madera o hierro (como Pablo ya dijo en 8:4-6). Pero detrás de cada ídolo o religión falsa hay un demonio, y los que participan en sus ceremonias entran en comunión con esos demonios. Hay gran riesgo de ser endemoniado.

[21] No pueden beber de la copa del Señor y también de la copa de los demonios; no pueden participar de la mesa del Señor y también de la mesa de los demonios. [22] ¿O vamos a provocar a celos al Señor? ¿Somos acaso más fuertes que él?

Aparentemente, algunos creyentes seguían participando en la idolatría (la mesa de los demonios) y también en la iglesia (la Santa Cena). No puedes vivir con dos mentalidades. Dios es un dios celoso, y sería casi blasfemo participar en ambas. Hoy no participamos en una comida (una mesa) de demonios, pero ¿hay otras formas en que participamos en cosas de demonios? ¿En el entretenimiento, por ejemplo? No puedes servir a dos amos. Hay que escoger a Dios y renunciar a los demonios.

18 Consideren al pueblo de Israel como tal: ¿No entran en comunión con el altar los que comen de lo sacrificado?

Aquellos que eran judíos ya entendían el concepto de sacrificios: entraron en comunión con Dios, quien recibió el sacrificio en el altar, y también en comunión con otros que comieron la comida sacrificada.

Lo que aprendemos acerca de la Cena en el capítulo 10

16 Esa copa de bendición por la cual damos gracias, ¿no significa que entramos en comunión con la sangre de Cristo? Ese pan que partimos, ¿no significa que entramos en comunión con el cuerpo de Cristo?

La palabra griega traducida como "comunión" o "participación" es "koincnía". Para el cristiano, esa palabra habla del compañerismo, o la comunión, que tenemos con el Señor y con otros creyentes. Todos somos uno en Cristo, y la celebración de la Cena es la cumbre de la expresión de esa comunión. El Nuevo Testamento habla varias veces de la unión que tenemos con Cristo y de Cristo viviendo en nosotros. Estos símbolos de la vida de Jesús (pan y vino) entran en nosotros; son un tipo de alimento espiritual cue nos llena y toca todo nuestro ser. Debes esperar a salir de la Cena fortalecido en el Espíritu.

¿Qué significa "entrar en comunión con el cuerpo de Cristo"? Por supuesto, con Cristo mismo, pero también nuestra comunión con otros creyentes: hay un solo pan del cual todos participamos; por eso, aunque somos muchos, formamos un solo cuerpo (v. 17). Participamos en la Cena como individuos, pero la Cena también celebra nuestra unidad (un tema que Pablo va a desarrollar más en el capítulo 12). La comunión, por su propia naturaleza, debe ser celebrada como una congregación. Pablo habla de "un solo pan"; puede ser apropiado que todos compartan un pan.

Otros problemas con la Cena en la segunda parte del capítulo 11

[18] En primer lugar, oigo decir que cuando se reúnen como iglesia hay divisiones entre ustedes, y hasta cierto punto lo creo. [19] Sin duda, tiene que haber grupos sectarios entre ustedes, para que se demuestre quiénes cuentan con la aprobación de Dios.

En lugar de la unidad que la comunión debe demostrar, las divisiones que Pablo ya mencionó también se manifestaron en la Cena. Parece que hubo casi una competencia entre varios grupos para demostrar que contaban con la aprobación de Dios.

[20] De hecho, cuando se reúnen, ya no es para comer la Cena del Señor, [21] porque cada uno se adelanta a comer su propia cena, de manera que unos se quedan con hambre mientras otros se emborrachan. [22] ¿Acaso no tienen casas donde comer y beber? ¿O es que menosprecian a la iglesia de Dios y quieren avergonzar a los que no tienen nada? ¿Qué les diré? ¿Voy a elogiarlos por esto? ¡Claro que no!

[33] Así que, hermanos míos, cuando se reúnan para comer, espérense unos a otros. [34] Si alguno tiene hambre, que coma en su casa, para que las reuniones de ustedes no resulten dignas de condenación.

No es malo tener una comida junto con la Cena; era la costumbre de la iglesia primitiva (*"fiestas de amor fraternal"*). Pero había desorden en la práctica de la Cena en Corinto.

- No permitieron que algunos (¿los pobres?) comieran la rica comida que otros trajeron, y ellos se quedaron con hambre.
- Otros se emborracharon con mucho vino.
- Algunos comían antes que los otros.

Ellos habían perdido la reverencia y el significado de la Cena. Pablo dice que en esas condiciones sería mejor comer en casa antes del servicio. Estos abusos (como el alimento para los ídolos) pueden sentir ajenos a nosotros, pero yo creo que tampoco nosotros entendemos la importancia de la Cena.

Cómo celebrar la Cena

[23] *Yo recibí del Señor lo mismo que les transmití a ustedes: Que el Señor Jesús, la noche en que fue traicionado, tomó pan,* [24] *y después de dar gracias, lo partió y dijo: «Este pan es mi cuerpo, que por ustedes entrego; hagan esto en memoria de mí.»*

La Iglesia recibió las instrucciones y el mandato para la Cena directamente del Señor Jesús. Tomar la Cena a la ligera menosprecia a nuestro Salvador, quien inició la Cena la noche en que fue traicionado, en la intimidad del aposento alto. Tenemos que hacer todo lo necesario para que la Cena no se convierta en nada más que un ritual o un hábito piadoso.

Hacemos la Cena en memoria de Jesús, y todo el enfoque debe estar en nuestro Salvador. La celebración puede incluir una lectura de los evangelios, alabanzas sobre la obra salvadora de Jesús y un tiempo abierto de oración. La Cena nos recuerda que el punto central de nuestra fe es Jesús: su vida, su sacrificio en la cruz y su victoria en la resurrección. Como dice el comentarista Gordon Fee: "Es un recordatorio constante y repetido, así como una experiencia, de la eficacia de esa muerte para nosotros."

Hoy hablamos tanto sobre los beneficios de Cristo y cómo tener éxito en la vida que podemos perder de vista lo más importante: la cruz, la restauración de nuestra relación con Dios y el perdón de los pecados.

[25] *De la misma manera, después de cenar, tomó la copa y dijo: «Esta copa es el nuevo pacto en mi sangre; hagan esto, cada vez que beban de ella, en memoria de mí.»*

En la Cena, Jesús inició el nuevo pacto. Tradicionalmente, sellan un pacto con sangre; en este caso, fue la sangre de Jesús. Cuando tomamos la copa, damos gracias por la fidelidad de Jesús a ese pacto y reafirmamos nuestro compromiso con él.

[26] *Porque cada vez que comen este pan y beben de esta copa, proclaman la muerte del Señor hasta que él venga.*

En la Cena proclamamos la muerte de Jesús a las potestades, a los demonios y al mundo entero; a la vez, soltamos el poder de su sangre derramada. En la Cena miramos para atrás, a la cruz, y al futuro, cuando Cristo venga y todos participemos en las Bodas del Cordero (Mateo 26:29).

[27] *Por lo tanto, cualquiera que coma el pan o beba de la copa del Señor de manera indigna, será culpable de pecar contra el cuerpo y la sangre del Señor.*

Espero que la importancia de esta Cena sea clara. Pablo ya ha descrito la "manera indigna": los abusos de los corintios y tomar la Cena a la ligera. Pecar contra el cuerpo y la sangre de Jesús es muy grave. Participar en la Cena de manera indigna (con los abusos que Pablo menciona o cualquier otra cosa que la desprecia) se convierte en culpable. La persona que oficia en la Cena es responsable de ayudar a la congregación a tomar la Cena correctamente; incluso orientar a los nuevos creyentes. Aunque nos acercamos a la mesa con gozo y acción de gracias, también hay que hacerlo con mucha reverencia, aún temor. En el pasado, los líderes de la iglesia tenían la tarea de confirmar que los participantes entendían bien el significado de la Cena.

28 Así que cada uno debe examinarse a sí mismo antes de comer el pan y beber de la copa.

31 Si nos examináramos a nosotros mismos, no se nos juzgaría; 32 pero si nos juzga el Señor, nos disciplina para que no seamos condenados con el mundo.

Una parte muy importante de la Cena (que muchas veces pasamos por alto) es un autoexamen. ¿Hay alguien a quien debemos perdonar (ver Mateo 5:23-24)? ¿Hay algún pecado que confesar o arrepentimiento necesario? Aunque puede ser incómodo, cuando se abre así a la obra del Espíritu Santo, a la disciplina y corrección del Señor, Dios puede obrar en nuestras vidas. Si no pasamos por este proceso, podemos ser condenados con el mundo.

29 Porque el que come y bebe sin discernir el cuerpo, come y bebe su propia condena. 30 Por eso hay entre ustedes muchos débiles y enfermos, e incluso varios han muerto.

Es posible traer condenación sobre ti mismo si no tomas la Cena correctamente. Otra vez, es la responsabilidad del líder ayudar a la gente a discernir el cuerpo. ¿Qué significa eso? Algunos dicen que es la iglesia (el cuerpo de Cristo), ya que Pablo ya habló sobre los problemas en la unidad de los corintios y su práctica de la Cena, y en el capítulo 12 habla más sobre ese cuerpo. O puede ser tomar la Cena sin discernir el significado del sacrificio del cuerpo de Jesús. La Cena es tan importante y poderosa que tomarla de manera incorrecta puede provocar debilidad, enfermedad e incluso la muerte.

Debido a estas precauciones, algunos pueden creer que no son dignos y no quieren participar en la Cena. Pero nadie es digno, y no tomar la Cena es desobedecer el mandato de Jesús. Anima a la iglesia a que la Cena sea una oportunidad para examinarse, arrepentirse, arreglar lo que tengan que arreglar, y luego, con mucho gozo y gratitud al Señor, recibir la comunión.

Para terminar la Cena, es bueno ministrar a los hermanos en oración, darles a todos la oportunidad de hacer una oración de petición o gratitud, o adorar al Señor en canción. Jesús está muy presente en ese momento, y muchas veces el Señor ministra sanidad o liberación en esa atmósfera.

¿No crees que Cristo merece lo mejor para su Cena? Cada parte debe ser dirigida por el Espíritu y no simplemente seguir la misma rutina. Debemos dedicar mucha oración para prepararnos, con mucha expectativa de un encuentro sobrenatural con el Señor. Yo creo que estamos en gran peligro de tomar la Cena en una "manera indigna". Mi oración por ti es que la Cena sea un tiempo rico de comunión con Cristo y su iglesia.

17

El orden de Dios para hombres y mujeres

1 Corintios 11:2-16

Hoy este es un pasaje muy polémico; muchos dicen que es lo más difícil de todas las epístolas de Pablo. Sabemos que hay algunas cosas en la Biblia que eran las costumbres de ese día, por ejemplo, lo que Pablo dice aquí acerca de una mujer cortándose el cabello o cubriéndose la cabeza. Pero, ¿cómo sabemos cuáles son los principios eternos? Todavía hay iglesias que prohíben a las mujeres cortarse el cabello. Y hay iglesias que creen que el orden divino para el hombre y la mujer también era cultural, y no se aplica a nosotros. ¡Hay mucha confusión! Necesitamos mucha sabiduría del Espíritu para discernir la verdad y aplicarla sabiamente para el siglo XXI.

²Los elogio porque se acuerdan de mí en todo y retienen las enseñanzas, tal como se las transmití.

³ Ahora bien, quiero que entiendan que Cristo es cabeza de todo hombre, mientras que el hombre es cabeza de la mujer y Dios es cabeza de Cristo. ⁴ Todo hombre que ora o profetiza con la cabeza cubierta deshonra al que es su cabeza. ⁵ En cambio, toda mujer que ora o profetiza con la cabeza descubierta deshonra al que es su cabeza; es como si estuviera rasurada. ⁶ Si la mujer no se cubre la cabeza, que se corte también el cabello; pero si es vergonzoso para la mujer tener el pelo corto o la cabeza rasurada, que se la cubra.

Lo que significa la palabra "cabeza"

Muchos se sienten incómodos con este pasaje y la idea de que la mujer tiene una "cabeza", pero no nos corresponde a nosotros seleccionar lo que nos gusta o no en la Biblia. La realidad es que "cabeza" (griego: "kefale") tiene un significado muy obvio.

- En el cuerpo humano, la cabeza dirige todas las funciones corporales.
- En el gobierno o en la industria, es la persona que tiene autoridad.
- El verso 3, de acuerdo con muchos pasajes bíblicos, habla de la autoridad que Dios ha establecido en el mundo.
- En los evangelios es muy claro que Cristo se sometió al Padre (su cabeza) en todo, y de esa manera recibió su autoridad (ver Mateo 8:8-10).
- Pablo usa la misma palabra (cabeza) en Efesios 5:22-28, con una conexión clara con la sumisión de la mujer y la autoridad del hombre.

Cristo experimentó gozo y propósito en la libertad de someterse a su Padre.

- Así como su Padre es su cabeza, Cristo es la cabeza del hombre, y el hombre es la cabeza de la mujer.
- El hombre tiene que someterse a Cristo en todo, y en esa sumisión encuentra gozo, libertad y realización.
- La mujer se somete a su marido y puede encontrar su mayor realización en su familia. Eso no significa que ella no pueda trabajar o ministrar. La mujer tiene la libertad de orar o profetizar en la iglesia, si lo hace en orden.
- El punto de los versos 4 y 5 es la importancia de honrar a quien es la cabeza. En aquel entonces (pero ya no), la cabeza cubierta era un símbolo de sumisión.

La sumisión no significa que el hombre tenga más valor. Padre, Hijo y Espíritu Santo son igualmente Dios, pero solo trabajan en su lugar ordenado. El universo funciona con un orden impresionante; ningún planeta se rebela contra el lugar designado para ello. Es necesario tener ese mismo orden en la sociedad para que funcione bien; la anarquía no funciona. Ya vemos los resultados de la rebelión en nuestro mundo, por ejemplo, en el hogar y en las escuelas.

Ser la cabeza implica mucha responsabilidad. El mundo actual tiene un concepto muy negativo de la autoridad, pero es un tema central de la fe bíblica. Nosotros debemos entender el flujo de esta autoridad, someternos a ella y enseñarla en la iglesia. No se trata de dominar a nadie, sino de servir y liberar a otros para que sean todo lo que Dios deseaba para el os. Para un buen tratamiento de la autoridad, lee Autoridad Espiritual por Watchman Nee.

La relación entre hombres y mujeres

⁷El hombre no debe cubrirse la cabeza, ya que él es imagen y gloria de Dios, mientras que la mujer es gloria del hombre. ⁸De hecho, el hombre no procede de la mujer sino la mujer del hombre; ⁹ni tampoco fue creado el hombre a causa de la mujer, sino la mujer a causa del hombre. ¹⁰Por esta razón, y a causa de los ángeles, la mujer debe llevar sobre la cabeza señal de autoridad.

¹¹Sin embargo, en el Señor, ni la mujer existe aparte del hombre ni el hombre aparte de la mujer. ¹²Porque así como la mujer procede del hombre, también el hombre nace de la mujer; pero todo proviene de Dios. ¹³Juzguen ustedes mismos: ¿Es apropiado que la mujer ore a Dios sin cubrirse la cabeza? ¹⁴¿No les enseña el mismo orden natural de las cosas que es una vergüenza para el hombre dejarse crecer el cabello, ¹⁵mientras que es una gloria para la mujer llevar cabello largo? Es que a ella se le ha dado su cabellera como velo. [16]*Si alguien insiste en discutir este asunto, tenga en cuenta que nosotros no tenemos otra costumbre, ni tampoco las iglesias de Dios.*

Pablo dice que esta relación tiene su fundamento en la creación:

- El hombre es la imagen y la gloria de Dios; la mujer es la gloria del hombre (v. 7). Los dos juntos son la imagen de Dios. El hombre refleja la naturaleza de Dios y debe traer gloria a su Creador, para que otros puedan alabarlo.

- La mujer refleja a su marido. Una mujer amada por su marido brilla; otros notarán que ella tiene un marido que la ama y la cuida. El hombre tiene la responsabilidad de presentarla a Cristo como una novia radiante (Efesios 5:27).

- El hombre no procedió de la mujer, sino la mujer del hombre (v. 8). En la creación, Adán fue creado del polvo de la tierra, pero Eva fue creada de la costilla de Adán.

- El hombre no fue creado para la mujer, sino la mujer para el hombre (v. 9), para ser una compañera y ayuda idónea.

Estas son normas universales, pero en Cristo hay algo más. La mujer no existe aparte del hombre ni el hombre aparte de la mujer (v. 11); ambos provienen de Dios, y el hombre nace de la mujer (v. 13). Nadie es superior; nos necesitamos unos a otros. En Cristo, la mujer es elevada a un nivel desconocido en el mundo antiguo. Cristo la redime de la maldición y la restaura a la ayuda idónea que Dios planeó desde el principio.

¡Advertencia!

Este no es un cheque en blanco para que el hombre tenga una mano dura en el hogar o abuse de su esposa. Por desgracia, muchos hombres cristianos no demuestran mucho amor o respeto por ellas, lo que ha resultado en la rebelión de muchas mujeres y el rechazo de la Biblia como un libro anticuado. Cristo es el ejemplo para el hombre de cómo ser la cabeza. Cristo no era duro ni exigente con sus discípulos. Él dijo que el más grande tiene que ser el siervo de todos (Marcos 9:35). Dios ordena al hombre amar a su esposa como Cristo ama a la iglesia y entregar su vida por ella (Efesios 5:25). El ejemplo de Cristo es uno de autosacrificio y servicio. La mujer es el vaso más frágil, y tenemos que atesorarla.

Yo sé que la enseñanza de este capítulo va contra la corriente del siglo XXI. Teólogos muy educados han hecho estudios intensivos acerca de este pasaje, y muchos cristianos sinceros no estarían de acuerdo con mi interpretación. Si tú no estás de acuerdo, está bien, pero deja de lado la mentalidad del mundo del siglo XXI y, cuidadosamente, en oración, estudia lo que la Biblia realmente dice.

18

Dones Espirituales

1 Corintios 12

⁷A cada uno se le da una manifestación especial del Espíritu para el bien de los demás.

A cada uno

A ¿Has estado en una fiesta de Navidad y todos reciben regalos, excepto tú? Te sientes mal. Gracias a Dios, no es así con el Señor. Él da sus dones a cada cristiano. *A cada uno* significa: ¡para ti! Si tienes el Espíritu, ¡Dios te da un don!

¡Ábrelo! ¡Úsalo!

Si alguien tiene un regalo precioso para ti, ¿no quieres recibirlo y abrirlo? ¿No es cierto que si fuese un iPad, no esperarías ni un minuto para encenderlo y usarlo? Entonces, ¿cómo es que Dios tiene dones mucho mejores, que benefician a todos nuestros hermanos, y los rechazamos, los abusamos y los malentendemos?

¡Dios te necesita a ti!

¿No es una maravilla que el Dios del universo haya decidido depender de nosotros para preparar a la novia de su Hijo? Él quiere edificar una iglesia fortalecida, pero necesita la participación de cada miembro. La persona que no usa su don está robándole a la iglesia una bendición y está en pecado. ¿Sabes cuál es tu don? ¿Lo estás usando? ¿Cuándo fue la última vez que experimentaste esa manifestación del Espíritu para la edificación de tu iglesia?

Qué no los malentiendan

¹En cuanto a los dones espirituales, hermanos, quiero que entiendan bien este asunto. No quiero que ignoren acerca de ellos.

Qué lástima que, al contrario del deseo del apóstol Pablo, todavía haya mucha ignorancia acerca de estos dones. ¿Qué es un don espiritual? Una manifestación del Espíritu (v. 7). Un don no tiene nada que ver con tus talentos; es una obra sobrenatural de Dios en tu vida, para el beneficio de su iglesia. Si no estás andando en la plenitud del Espíritu, o si estás apagando el Espíritu o negando su poder, no se manifestará. Si estás en una iglesia que no cree en los dones y no espera ni permite su manifestación, no vas a experimentar su bendición.

Por supuesto, tienes que ser salvo. Por esa razón, Pablo quiere dejar claro que los dones no tienen nada que ver con la idolatría que los corintios practicaban.

² Ustedes saben que cuando eran paganos se dejaban arrastrar hacia los ídolos mudos. ³ Por eso les advierto que nadie que esté hablando por el Espíritu de Dios puede maldecir a Jesús; ni nadie puede decir: «Jesús es el Señor» sino por el Espíritu Santo.

A diferencia de los ídolos mudos, el Espíritu habla. La primera evidencia de la presencia del Espíritu es la confesión de Jesucristo como Señor; nadie llega a ese punto de fe sin la ayuda del Espíritu. Y la mayoría de las manifestaciones del Espíritu tienen algo que ver con lo que hablamos. Toda la obra del Espíritu es constructiva; nunca maldecirá a Jesús ni lastimará su cuerpo.

La primera característica del cuerpo de Cristo: la diversidad

Ahora bien, hay diversos dones, pero un mismo Espíritu (v. 4).

Hay diversas maneras de servir, pero un mismo Señor (v. 5).

Hay diversas funciones, pero es un mismo Dios el que hace todas las cosas en todos (v. 6).

La Trinidad es un modelo de lo que Dios pretende para la iglesia: perfecta unidad, pero con funciones distintas. En estos tres versículos, Pablo compara la obra del Espíritu Santo, el Señor Jesús y Dios Padre, y así confirma la divinidad de cada persona de la Trinidad y la igualdad de las tres.

¹¹Todo esto lo hace un mismo y único Espíritu, quien reparte a cada uno según él lo determina.

Aunque hay mucha diversidad en los dones, todos tienen la misma fuente, el Espíritu Santo. El verso 1 del capítulo 14 dice que debemos desear dones, y podemos pedirle a Dios algún don. El último verso de este capítulo dice: *Ustedes, por su parte, ambicionen (procuren) los mejores dones* (v. 31). Pero al final, es el Espíritu que determina cuál don recibes. Él conoce la necesidad de la iglesia, Él te conoce completamente, y Él los reparte perfectamente, como Él quiera.

Algunos de los dones

Dos veces en este capítulo Pablo enumera varios dones. Hay otras listas en Romanos 12:6-8, Efesios 4:11 y 1 Pedro 4:11. Creo que estas listas no son exhaustivas, sino ejemplos de manifestaciones comunes.

⁸A unos Dios les da por el Espíritu palabra de sabiduría; a otros, por el mismo Espíritu, palabra de conocimiento; ⁹a otros, fe por medio del mismo Espíritu; a otros, y por ese mismo Espíritu, dones para sanar enfermos; [10] a otros, poderes milagrosos; a otros, profecía; a otros, el discernir espíritus; a otros, el hablar en diversas lenguas; y a otros, el interpretar lenguas.

[28] En la iglesia Dios ha puesto, en primer lugar, apóstoles; en segundo lugar, profetas; en tercer lugar, maestros; luego los que hacen milagros; después los que tienen dones para sanar enfermos, los que ayudan a otros, los que administran y los que hablan en diversas lenguas. [29] ¿Son todos apóstoles? ¿Son todos profetas? ¿Son todos maestros? ¿Hacen todos milagros? [30] ¿Tienen todos dones para sanar enfermos? ¿Hablan todos en lenguas? ¿Acaso interpretan todos?

Hay una jerarquía de los dones; Pablo dice que hay "*dones mejores*".

- Los apóstoles están en primer lugar, como el fundamento de la iglesia.
- Luego, los profetas. ¡Qué lástima que muchas iglesias no reconozcan estos dos dones fundamentales! ¿Te sorprende que la iglesia sea débil?
- Pablo no menciona a los evangelistas ni a los pastores aquí, pero son parte de las cinco oficinas en Efesios. Aquí él tiene maestros en tercer lugar, y luego los que hacen milagros.

Tenemos que someternos a la voluntad de Dios en este asunto y aceptar el don que Él nos da. No seas celoso de otros con "mejores" dones. La clara respuesta a la pregunta "¿todos tenemos el mismo don?" es "no". Toda la obra es del mismo Espíritu, pero hay mucha diversidad en los dones.

Yo he observado mucha confusión entre cristianos sobre el significado de estos dones. Estas son habilidades sobrenaturales;

no puedes hacer estas cosas con tu propia fuerza. Pero cuando se realiza una encuesta en una iglesia, la mayoría casi siempre dice que tiene dones como servicio o administración; casi nadie tiene dones de poderes milagrosos. Esta sección nos enseña que habrá un equilibrio entre los dones y que todos son necesarios.

No hay ninguna definición definitiva del significado de cada don, pero aquí hay algunas sugerencias.

- *Apóstol*: Uno con autoridad para fundar y supervisar iglesias.
- *Profecía:* Este don (que vamos a estudiar en el capítulo 14) es distinto del oficio del profeta. La persona que ocupa esa oficina es semejante al profeta del Antiguo Testamento: visita varias iglesias y ministra palabras directamente del Señor para edificar y guiar a la iglesia.
- *Palabra de sabiduría:* habilidad para analizar una situación y ofrecer una solución sobrenatural; ayuda mucho en la consejería.
- *Palabra de conocimiento:* habilidad para ver en el interior de una persona o situación y conocer cosas acerca de ellas; semejante a la profecía.
- *Fe:* Todo cristiano necesita fe para ser salvo; la persona con este don tendrá visiones muy amplias de lo que Dios quiere hacer y lo llevará a cabo.
- *Dones para sanar enfermos*: Todos podemos orar por los enfermos, pero la persona con este don será conocida como alguien con una habilidad especial.
- *Poderes milagrosos*: Para milagros impresionantes como resucitar muertos o multiplicar alimentos.
- *El discernir espíritus*: Muy importante para discernir la presencia de demonios, falsa doctrina y falsa profecía. Se ve más allá de las apariencias.

- *Hablar en lenguas e interpretar lenguas*: Vamos a estudiar estos dones en el capítulo 14.
- *Los que ayudan a otros:* Todos debemos ayudar a otros, pero en el contexto, la persona con este don puede movilizar a la iglesia para realizar obras muy impresionantes de servicio para gente necesitada.
- *Los que administran*: Tienen una habilidad especial para analizar una situación en la obra del Señor y arreglarla para que funcione bien.

Alguien puede tener dos o más dones que se complementen entre sí. Por ejemplo, dones de sanidad con la palabra de conocimiento, o fe con milagros. No veo nada en la Biblia que diga que un don es "mío"; que sea mi "posesión" de por vida. Puede ser, pero como es la manifestación del Espíritu, puede cambiar conforme a la necesidad de la iglesia.

Si vamos a funcionar como la iglesia que Cristo desea, necesitamos todas estas manifestaciones del Espíritu. Abre tu corazón al Señor para que Él pueda hablarte acerca de los dones en tu vida y en tu iglesia. Con algo tan importante, estoy seguro de que Él te guiará si realmente estás abierto.

19

Ustedes son el cuerpo de Jesús

1 Corintios 12

²⁷*Ahora bien, ustedes son el cuerpo de Cristo, y cada uno es miembro de ese cuerpo.*

Pablo usa esta frase asombrosa para resumir una de las enseñanzas más ricas en la Biblia acerca de la iglesia. La iglesia no es un club social o una organización religiosa. No es opcional para el creyente; cuando tú aceptas a Jesús, ya eres miembro de su cuerpo. Nuestra fe consiste en una relación con Dios y con otros creyentes; es difícil ser un verdadero cristiano y practicar tu fe solo. Cristo ya no está caminando en esta tierra, pero su cuerpo está muy presente. Milagrosamente, hay millones de cuerpos de Jesús en todas partes del mundo. Si están funcionando conforme al plan de Dios, con cada miembro en su lugar y manifestando sus dones espirituales, cada iglesia tiene la capacidad de ministrar como Jesús ministró.

¹²*De hecho, aunque el cuerpo es uno solo, tiene muchos miembros, y todos los miembros, no obstante ser muchos, forman un solo cuerpo. Así sucede con Cristo.* ¹³*Todos fuimos bautizados por un solo Espíritu para constituir un solo cuerpo —ya seamos judíos o gentiles, esclavos o libres—, y a todos se nos dio a beber de un mismo Espíritu.*

Para demostrar la diversidad y la unidad de la iglesia, Dios utiliza algo que cada persona conoce íntimamente: el cuerpo humano.

129

Si el cuerpo va a funcionar, cada miembro tiene que cumplir su tarea y cooperar con los demás miembros. Habría caos si no obedecieran a la cabeza (el cerebro), o (en el caso de la iglesia), a Jesucristo. La sangre de Jesús fluye espiritualmente por todo su cuerpo, purificándolo y aportando nutrientes a sus miembros.

Unidad en el cuerpo

La unidad fluye de nuestra experiencia común del Espíritu Santo en el bautismo (en el Espíritu, en agua o en ambos), y al beber de su plenitud. El Espíritu es como el agua (la fuerza vital esencial). El cuerpo no funciona si no todos están bebiendo del Espíritu.

- Hay una igualdad absoluta en este cuerpo. No hay diferencia entre blanco y negro, rico y pobre, poderoso y humilde. El Espíritu destruye todas esas divisiones en el vínculo de amor. Todo prejuicio es un pecado que destruye la iglesia y lastima a su Señor.

- Esta unidad es tan importante que Pablo lo repite dos veces más:
  - Ahora bien, el cuerpo no consta de un solo miembro sino de muchos (v. 14).
  - Lo cierto es que hay muchos miembros, pero el cuerpo es uno solo (v. 20).

- Hay expresiones de ese cuerpo a nivel local (una congregación) y también a nivel mundial (todos los creyentes en la iglesia universal).

Jesús suplicó a su Padre en Juan 17 por la unidad de la iglesia, y creo que su oración es muy eficaz, pero una estrategia clave de Satanás es dividir a la iglesia. Tenemos que cuidarnos y hacer todo lo posible para mantener su unidad.

[15] *Si el pie dijera: «Como no soy mano, no soy del cuerpo», no por eso dejaría de ser parte del cuerpo.* [16] *Y, si la oreja dijera: «Como no soy ojo, no soy del cuerpo», no por eso dejaría de ser parte del cuerpo.* [17] *Si todo el cuerpo fuera ojo, ¿qué sería del oído? Si todo el cuerpo fuera oído, ¿qué sería del olfato?* [18] *En realidad, Dios colocó cada miembro del cuerpo como mejor le pareció.* [19] *Si todos ellos fueran un solo miembro, ¿qué sería del cuerpo?*

Así como tu pie no puede decidir separarse de tu cuerpo porque está cansado de ser pisado todo el tiempo, no es posible que decidamos que ya no queremos ser parte del Cuerpo de Jesús. La rebelión no es permitida. ¿Alguna vez has visto uno de esos programas sobre la función de nuestros cuerpos? ¡La complejidad es absolutamente increíble! No entiendo cómo alguien podría pensar que simplemente sucedió o evolucionó: *"En Él vivimos, nos movemos y existimos"* (Hechos 17:28). Es un milagro de Dios que algo tan complejo pueda funcionar más o menos sin problemas durante unos ochenta años. La iglesia, el Cuerpo de Jesús, es igualmente compleja e igualmente dependiente de Dios para funcionar.

¡Necesitamos a cada miembro!

Desafortunadamente, todas las manos tienden a congregarse en un lugar, todos los pies en otro lugar, etc. Esto resulta en un cuerpo disfuncional y deformado. Al contrario de lo que Pablo dice aquí, esas manos a menudo creen que son superiores a los pies y no los necesitan, por lo que terminamos siendo un hombre cojo que no puede caminar, y ciertamente no refleja la presencia gloriosa de Jesús en el mundo. Tenemos que aceptar todos los dones y todas las expresiones del cuerpo, y discernir dónde Dios quiere colocar a los miembros. No nos corresponde a nosotros cuestionar dónde estamos colocados; Dios sabe mejor que nosotros cómo edificar su cuerpo.

²¹ El ojo no puede decirle a la mano: «No te necesito». Ni puede la cabeza decirles a los pies: «No los necesito». ²² Al contrario, los miembros del cuerpo que parecen más débiles son indispensables, ²³ y a los que nos parecen menos honrosos los tratamos con honra especial. Y se les trata con especial modestia a los miembros que nos parecen menos presentables, ²⁴ mientras que los más presentables no requieren trato especial. Así Dios ha dispuesto los miembros de nuestro cuerpo, dando mayor honra a los que menos tenían, ²⁵ a fin de que no haya división en el cuerpo, sino que sus miembros se preocupen por igual unos por otros.

Esto es de sentido común, pero lamentablemente muchos cristianos no comprenden la importancia de esta enseñanza tan sencilla. Si tú has lastimado un pie, sabes cómo puede impactar toda tu vida. Cada función de cada miembro del cuerpo es importante. No se puede decir que uno es más importante que otro. Existe una coordinación maravillosa entre los miembros del cuerpo, pero si empiezan a pelear entre sí, el cuerpo no puede funcionar. ¿Has oído hablar de enfermedades autoinmunes, donde las defensas del cuerpo atacan al mismo cuerpo? ¡Qué lástima que también aflijan al Cuerpo de Jesús!

Los miembros tienen que preocuparse mutuamente por igual, reconociendo el valor único de cada uno. Si permitimos que Dios organice a los miembros en el cuerpo como Él quiere, mantendremos nuestra unidad.

Dios se deleita en hacer cosas contrarias a nuestras expectativas, dando mayor honor a los miembros que el mundo no estima. En Jesús, el miembro más débil es indispensable. Nunca debe haber competencia entre los miembros del cuerpo. En el cuerpo humano, tratamos las partes más íntimas con gran cuidado; así que, en el cuerpo de Jesús, tratamos a los miembros que no parecen tan presentables con un honor especial.

²⁶ *Si uno de los miembros sufre, los demás comparten su sufrimiento; y, si uno de ellos recibe honor, los demás se alegran con él.*

Para compartir el sufrimiento o la alegría de otros, debemos saber qué está sucediendo en sus vidas. En nuestro cuerpo, si te duele el pie, todo el cuerpo lo siente. En la iglesia, nadie debe sufrir aislado. Tenemos que compartir verdaderamente el sufrimiento de otros y, aunque puede ser difícil si atraviesas muchas tribulaciones, también debes alegrarte con el miembro que recibe honor. No lo envidies.

A nivel mundial, si el cuerpo de Jesús está sufriendo en otro país, debemos compartir su sufrimiento. Aquí también necesitamos saber lo que está pasando. Si hay cristianos en otros países que sufren, sería un pecado ignorarlo y vivir como si todo estuviera bien.

¿Cómo está tu experiencia en la iglesia?

Esta es una enseñanza tan simple y básica, pero tan importante. En más de cuarenta años que he estado sirviendo al Señor, rara vez he experimentado una iglesia que funcione como el Cuerpo de este capítulo. ¿Por qué? ¿Por qué nos parece tan difícil poner en práctica el plan sencillo que Cristo tiene para su iglesia? ¿Es porque Satanás sabe el poder de un cuerpo sano?

El capítulo termina con estas palabras que presentan lo siguiente: *Ahora les voy a mostrar un camino más excelente* (v. 31). Esta enseñanza acerca de los dones y el cuerpo de Jesucristo es maravillosa, pero hay algo aún mejor; algo esencial para que el cuerpo funcione bien.

20

Llegar a ser hombre

1 Corintios 13

E sto es mejor que dones y milagros y la vida abundante. Este es el *camino más excelente*: el amor. Este es uno de los capítulos más queridos y más hermosos de la Biblia. Es como la carne en una hamburguesa, el relleno rico entre el pan de los capítulos 12 y 14; sin el amor esos capítulos pueden ser muy secos. Lamentablemente, parece que no hemos entendido muy bien este mensaje: Dios es amor. Una iglesia sin amor no es una verdadera iglesia. *Si alguno dice: Yo amo a Dios, y aborrece a su hermano, es mentiroso* (1 Juan 4:20; lee toda esa carta para aprender más acerca del amor).

La palabra que Pablo usa para "amor" en este capítulo es "*ágape*", el amor incondicional de Dios. No es el amor entre un hombre y una mujer, ni el amor entre hermanos. Ágape es un amor activo, un amor que pocos conocen, pero un amor que no es opcional para el cristiano. El primer mandamiento es amar a Dios con todo el corazón, y el segundo es amar a tu prójimo como a ti mismo.

El amor es un fruto del Espíritu Santo. El Señor nos enseña cómo amar, porque el amor ágape es imposible sin la ayuda de Dios. La Biblia dice que nosotros amamos porque Él primero nos amó a nosotros (1 Juan 4:19). En el plan de Dios, un niño debe experimentar el amor en su hogar y aprender a amar con el ejemplo de sus padres. Pero sabemos que no hay un padre perfecto, y, por desgracia, muchos nunca han conocido el amor de un padre. Es solo en relación con Dios que experimentamos el verdadero amor ágape. El otro problema es que muchos no se aman a sí mismos, y es difícil amar a otro si no te amas a ti mismo. En esa relación con Dios, aprendemos que somos hechos a su imagen, tenemos un valor infinito para Dios y Él tiene un gran propósito para nuestras vidas. Dios nos perdona y nos libera de aquellas cosas que nos hacen odiarnos a nosotros mismos. Él también nos da muchas oportunidades para aprender a amar; especialmente con personas que son difíciles de amar. Jesús dijo que aún los peores pecadores aman a quienes los aman (Mateo 5:43-48) —Él nos ordena amar a nuestros enemigos. Es solo con un amor ágape que podemos amar de esa manera.

Más importante que los dones

El capítulo 13 fluye directamente del anterior; Pablo sigue hablando de dones. Habla de las cosas más impresionantes que un cristiano puede hacer, pero luego dice que no tienen valor si no hay amor. Como los corintios tenían una obsesión con lenguas, Pablo empieza con ese don. Es un don maravilloso (es una lengua angélica), pero sin amor es puro ruido. Por desgracia, a veces los que hablan en lenguas no han tenido mucho amor.

[1]Si hablo en lenguas humanas y angelicales, pero no tengo amor, no soy más que un metal que resuena o un platillo que hace ruido. [2] Si tengo el don de profecía y entiendo todos los misterios y poseo todo conocimiento, y si tengo una fe que logra trasladar montañas, pero me falta el amor, no soy nada. [3] Si reparto entre los pobres todo lo que poseo, y si entrego mi cuerpo para que lo consuman las llamas, pero no tengo amor, nada gano con eso.

Pablo habla también de los dones de profecía, palabra de conocimiento, fe y ayudando a otros. Puedes poseer y ejercer estos dones, pero son inútiles si no tienes amor. El amor siempre tiene prioridad en el ejercicio de los dones en la iglesia. Negarse a ti mismo, incluso el martirio, no te gana nada si no fluye del amor ágape.

¿Qué es el amor?

Tendemos a pensar en el amor como un cálido sentimiento de atracción hacia alguien que nos hace sentir bien (a menudo con connotaciones sexuales), pero es fácil confundir la codependencia y la euforia de "estar enamorados" con el verdadero amor.

El diccionario (*Real Academia Española*) no nos ayuda mucho con su definición:

- Sentimiento intenso del ser humano que, partiendo de su propia insuficiencia, necesita y busca el encuentro y unión con otro ser.
- Sentimiento hacia otra persona que naturalmente nos atrae y que, procurando reciprocidad en el deseo de unión, nos completa, alegra y da energía para convivir, comunicarnos y crear.
- Sentimiento de afecto, inclinación y entrega a alguien o algo.

Esta comprensión del amor tiene mucho que ver con los sentimientos, que pueden cambiar rápidamente. Gracias a Dios, el verdadero amor es mucho más profundo y duradero.

El amor bíblico

[4] *El amor es paciente, es bondadoso. El amor no es envidioso ni jactancioso ni orgulloso.* [5] *No se comporta con rudeza, no es egoísta, no se enoja fácilmente, no guarda rencor.* [6] *El amor no se deleita en la maldad, sino que se regocija con la verdad.* [7] *Todo lo disculpa, todo lo cree, todo lo espera, todo lo soporta.*

El amor es:

- Paciente (sufrido, nunca se da por vencido, tiene la capacidad de sobrellevar a los demás durante mucho tiempo). Por su parte, Dios pacientemente contiene su ira frente a la rebelión humana.
- Bondadoso (benigno, cuida a otros). Dios continuamente muestra su misericordia hacia nosotros.
- Siempre veraz; se regocija con la verdad.

Todo lo:

- Disculpa (sufre).
- Cree (está dispuesto a creer lo mejor de cada persona, nunca cesa de tener fe).
- Espera (en toda circunstancia, sin mirar atrás, nunca pierde la esperanza).
- Soporta (persevera sin debilitarse, sigue hasta el final, se mantiene firme en toda circunstancia). No hay nada que el amor no pueda enfrentar.

El amor no es:

- Envidioso (codicioso, anhelando algo que no tiene). No hay lugar para la rivalidad, la competencia o las contiendas en el amor ágape.
- Jactancioso (presumido, que se alaba excesiva y presuntuosamente). Literalmente, la palabra significa "ser un charlatán". Esa persona quiere que la atención de los demás se centre en él. El amor ágape sólo se preocupa por el bien de la comunidad en su conjunto.
- Orgulloso (no se envanese ni se porte con arrogancia).
- Egoísta (no busca lo suyo; no exige que las cosas se hagan a su manera). No cree que "realizarse uno mismo" sea el sumo bien, sino que procura el bien del prójimo.

- Grosero (no se comporta de modo rudo, indecoroso o vergonzoso; no hace nada indebido). El amor cristiano se interesa demasiado por los demás para cometer acciones indebidas.

No:

- Se enoja fácilmente (se irrita); no es fácil de provocar.
- Guarda rencor (no guarda un registro de las ofensas recibidas). No se fija en el mal que otros le han hecho.
- Se deleita en la maldad (pecado, injusticia, la guerra). No se alegra cuando alguien se cae o hace chismes acerca de las malas acciones de otros.
- Se extingue jamás (no dejará de existir; el amor durará para siempre).

¿Amas de esta manera? ¿Está presente este amor en tu hogar? ¿En tu iglesia? Si no, ¿qué tiene que cambiar?

¿Has fallado en amar a otros? ¿Tienes que arrepentirte? ¿Podría ser que tu falta de amor esté dañando a tu familia, a tu iglesia y a tu relación con Dios?

Cuando llegue lo perfecto

8 El amor jamás se extingue, mientras que el don de profecía cesará, el de lenguas será silenciado y el de conocimiento desaparecerá. 9 Porque conocemos y profetizamos de manera imperfecta; 10 pero cuando llegue lo perfecto, lo imperfecto desaparecerá. 11 Cuando yo era niño, hablaba como niño, pensaba como niño, razonaba como niño; cuando llegué a ser adulto, dejé atrás las cosas de niño. 12 Ahora vemos de manera indirecta y velada, como en un espejo; pero entonces veremos cara a cara. Ahora conozco de manera imperfecta, pero entonces conoceré tal y como soy conocido.

Algunos han manipulado estos versos para decir que la profecía, las lenguas y el conocimiento se terminaron cuando llegó "lo perfecto"; lo que dicen es el Nuevo Testamento. Pero está muy claro que todavía no vemos al Señor cara a cara. La perfección llegará cuando Cristo venga otra vez. Los dones no serán necesarios cuando estemos en la presencia del Señor. Mientras tanto, no esperes la perfección en tu iglesia, tu matrimonio o tu vida, porque no es posible. Y sé compasivo con la imperfección de otros.

Qué hermoso es pensar en ese día, estar cara a cara con Cristo. ¿Estás listo? ¿O te avergonzarás cuando veas a tu Señor? Qué hermoso es pensar en el completo y perfecto conocimiento que Dios tiene de ti y el conocimiento que tendremos entonces. Qué hermoso saber que el imperfecto de esta vida desaparecerá.

¿Hombre o niño?

Se espera que un niño hable, piense y razone como niño. Está bien. Pero hay un problema si no dejas lo que era de niño y pasas a ser hombre adulto. ¿Y tú, todavía te agarras de algunas cosas de niño? ¿Has llegado a ser hombre? Pablo dice aquí que eso debe suceder en algún momento. Dios lo quiere, y Él te ayudará a lograrlo. Por desgracia, hay algunos que nunca llegan a ese punto. ¿Hay formas en que todavía piensas, hablas o razonas como niño? En el contexto, yo creo que la característica más importante de un hombre maduro es el amor ágape. Todo hombre sabe hacer el amor, pero pocos aman de verdad. ¿Eres más niño u hombre?

[13] Ahora, pues, permanecen estas tres virtudes: la fe, la esperanza y el amor. Pero la más excelente de ellas es el amor.

¿Cómo está tu esperanza? ¿Has perdido la esperanza de cosas grandes en tu vida, en tu matrimonio o en tu glesia? ¿Cómo está tu fe? Y lo más importante, ¿tu amor? Haz de tu prioridad ser un hombre de amor. Dios hará todo lo posible para ayudarte. Está bien estudiar mucho y hacer cosas grandes para el Señor, pero lo más excelente es el amor. Estudia las características del amor en este capítulo y todo lo que la Biblia enseña acerca del amor. Nosotros amamos porque Él nos amó primero (1 Juan 4:19). ¿Has experimentado el amor de Dios? De lo contrario, será casi imposible amar de esta manera. Abre tu corazón a Dios y pídele que te llene con su amor.

21

Ambiciona profecía

1 Corintios 14

L enguas y profecía; dos dones malentendidos, despreciados, exagerados, ignorados y abusados. ¡Y son simplemente dones de nuestro Dios para ayudar a su iglesia a escuchar su voz y comunicarse con Él! ¡Algo que cualquier cristiano desea y necesita!

¹Empéñense en seguir el amor y ambicionen los dones espirituales, sobre todo el de profecía.

Empéñense en seguir el amor. Empeñar significa "dedicar alguien su tiempo a la consecución de un objetivo" (*Diccionario de la lengua Española*). En este caso, el amor ágape. Esa es la primera prioridad. ¿Estás persiguiendo el amor?

Ambicionen los dones espirituales. Ambicionar significa desear algo intensamente, como un niño desea un juguete en Navidad. ¿Cuál es tu actitud hacia los dones? ¿Los ambicionas? Los dones no son para la bendición individual, sino para el beneficio de toda la iglesia. Así Dios capacita y edifica su cuerpo.

Sobre todo el de profecía. De todos los dones, la profecía puede ser la más importante. Los judíos tenían mucho conocimiento de profecía—los profetas del Antiguo Testamento eran los hombres más espirituales, quienes recibieron mensajes directamente de Dios. Es lógico que en la iglesia, con todos los privilegios de la salvación en Jesucristo, hubiera aún más profecía, conforme a la palabra de Joel (Joel 2:28). Lo que sería muy impresionante para ellos es que cada creyente en Cristo puede oír a Dios y profetizar.

[2] Porque el que habla en lenguas no habla a los demás, sino a Dios. En realidad, nadie le entiende lo que dice, pues habla misterios por el Espíritu. [3] En cambio, el que profetiza habla a los demás para edificarlos, animarlos y consolarlos. [4] El que habla en lenguas se edifica a sí mismo; en cambio, el que profetiza edifica a la iglesia. [5] Yo quisiera que todos ustedes hablaran en lenguas, pero mucho más que profetizaran. El que profetiza aventaja al que habla en lenguas, a menos que este también interprete, para que la iglesia reciba edificación.

En el próximo capítulo, vamos a estudiar lenguas. Aquí, Pablo compara los dos para demostrar la superioridad de la profecía. ¿Por qué es superior? Porque edifica a toda la iglesia, para que todos crezcan espiritualmente. (Un mensaje en lenguas con interpretación es igual a una profecía.) Era el deseo de Pablo que todos profetizasen.

El propósito de profecía

- Edificar.
- Animar. La Reina Valera traduce la palabra griega "paraclesis" como "exhortación", que el diccionario define como una "advertencia o aviso con que se intenta persuadir a alguien de que haga o deje de hacer algo". Pero ese no es el sentido del griego, y lamentablemente ha permitido un malentendido de la profecía en la iglesia. El Espíritu Santo es el paracleto, el que está a tu lado para ayudarte. Ese es el significado aquí. También puedes traducir la palabra como estímulo, consuelo o ruego.
- Consolar.

Alguien en el *oficio* de profeta lleva mensajes que predicen el futuro o revelan algún pecado en la iglesia (como en las cartas a las iglesias en Apocalipsis 2 y 3), pero no es el propósito del *don* de profecía. Tampoco menciona regañar o condenar a otros. Debe ser un mensaje positivo.

Profecía una señal para creyentes

²¹ En la ley está escrito:

«Por medio de gente de lengua extraña
y por boca de extranjeros
hablaré a este pueblo,
* pero ni aun así me escucharán», dice el Señor.*

²² De modo que el hablar en lenguas es una señal no para los creyentes, sino para los incrédulos; en cambio, la profecía no es señal para los incrédulos, sino para los creyentes. ²³ Así que, si toda la iglesia se reúne y todos hablan en lenguas, y entran algunos que no entienden o no creen, ¿no dirán que ustedes están locos? ²⁴ Pero, si uno que no cree o uno que no entiende entra cuando todos están profetizando, se sentirá reprendido y juzgado por todos, ²⁵ y los secretos de su corazón quedarán al descubierto. Así que se postrará ante Dios y lo adorará, exclamando: «¡Realmente Dios está entre ustedes!»

Esta es una porción difícil. Si alguien que "no cree o no entiende" que escucha a todos hablar en lenguas cree que están locos, ¿por qué dice Pablo que el hablar en lenguas es una señal para los incrédulos? Es porque los versos que él cita de Isaías (28:11-12) hablan de *judíos* incrédulos; no hablan de alguien que no tiene conocimiento de Dios.

Cuando alguien que no conoce a Cristo entra en una iglesia y escucha profecía:

- Los secretos de su corazón pueden ser revelados.
- Puede sentirse reprendido y juzgado; es decir, convencido de su pecado.
- Puede verse afectado por la presencia obvia de un Ser sobrenatural y postrarse y adorar a Dios.

Procedimientos para el uso del don en la iglesia

[29] En cuanto a los profetas, que hablen dos o tres, y que los demás examinen con cuidado lo dicho. [30] Si alguien que está sentado recibe una revelación, el que esté hablando ceda la palabra. [31] Así todos pueden profetizar por turno, para que todos reciban instrucción y aliento. [32] El don de profecía está bajo el control de los profetas, [33] porque Dios no es un Dios de desorden, sino de paz.

Para entender esta porción, tenemos que ver la diferencia entre el don de profecía y el oficio de profeta. Ya Pablo dijo que no todos son profetas, pero desea que todos profeticen. Solo dos o tres profetas hablen, pero todos los que tienen el don de profecía pueden profetizar por turno (como Pablo dijo también en el verso 24). Así que es evidente que no todos los que tienen el don de profecía son profetas.

Posiblemente se puedan leer estos versículos de esta manera (ésta es mi traducción amplificada):

En cuanto a los que ocupan el oficio de profeta, que hablen dos o tres, y que los demás (hermanos, o profetas, o, especialmente, aquellos con el don de discernir espíritus) examinen con cuidado lo que se ha dicho. Si alguien con el don de profecía, que está sentado, recibe una revelación, el profeta que habla cederá la palabra. De este modo, todos los que tienen el don de profecía pueden profetizar, a su vez, para que todos reciban instrucción y aliento. El don de profecía, y aquellos que operan en ese don, están bajo el control de quienes ocupan el oficio de profeta, porque Dios no es un Dios de desorden sino de paz.

Esta es una opción que pueda ayudarnos a comprender un pasaje difícil.

Las profecías pueden ocupar bastante tiempo en un culto y no se pueden programar. Otra vez vemos que aquellos que operan en el don de profecía no predicen el futuro, sino que ofrecen instrucción y aliento. Su palabra es una revelación, pero existe la posibilidad de que esa palabra no sea de Dios, por lo que cada palabra debe ser examinada con cuidado.

Resumen

Hay muy poco en el Nuevo Testamento acerca de cómo usar este don, posiblemente porque era tan común. A pesar de las dificultades en esta porción, hay algunas cosas muy claras:

- Hay un oficio de profeta, el segundo en autoridad después de los apóstoles (1 Corintios 12:28). Ocupa la misma posición en los ministerios que Pablo enumera en Efesios 4:11.
- Hay un don de profecía, distinto de ese oficio de profeta, que todos pueden recibir.
- El don de profecía era muy importante para Pablo; se debe dar la oportunidad en cada servicio para manifestaciones de este don.
- Profecía es para aliento e instrucción.
- La profecía tiene que funcionar dentro de la seguridad de la iglesia. El profeta debe ser alguien conocido por el liderazgo de la iglesia y estar bajo su autoridad. Ten mucho cuidado con los "profetas" en Internet u operando fuera de una iglesia, en secreto. Existe un gran

riesgo de abuso si el profeta no se equilibra con los demás dones.

- Toda palabra profética debe ser evaluada y desafiada si es necesario.
- Siempre debe haber orden en la operación del don. Si no hay orden y paz en una reunión, hay que cuestionar si es realmente de Dios.
- No vas a perder tu palabra si tienes que esperar un poco para compartirla, pero también un profeta puede ceder su tiempo a otro profeta que reciba una nueva revelación. Un profeta no pierde el control de sí mismo.
- Se necesita discernimiento sobre lo que se comparte con toda la iglesia. Hay palabras que Dios nos da que no son para todos.
- Hay algunos que todavía enseñan que el don de profecía es la predicación de la Biblia, pero es claro en estos textos que no lo es.
- Una verdadera palabra profética nunca contradice la Biblia y nunca tiene la misma autoridad que ella.

Tu experiencia con la profecía

Yo quiero compartir algunas cosas que pueden ayudarte a usar este don.

- No apedreamos a un falso profeta como en el Antiguo Testamento, y nunca se dice que un profeta tenga que ser perfecto en todo lo que dice. Pero yo he leído muchas cosas que los "profetas" dicen hoy que nunca suceden. Ellos siguen como siempre, pero creo que tienen que rendir cuentas a alguien, y hay que cuestionar a alguien que ha dicho muchas cosas que nunca se han cumplido. Al mismo tiempo, debemos recordarnos que si hay una profecía de un juicio venidero o algún desastre, puede ser para despertarnos, interceder y evitar ese juicio.

- Muchas veces, una escritura, una sola palabra, una imagen o algún sentimiento inician la operación del don. Por ejemplo, puedes sentirte muy cargado, triste o cariñoso. Comienzas simplemente diciendo: *"Me parece que el corazón de Dios está muy cargado"*. Y al decir esas palabras con fe, el Señor te da más: *"Hay algunos aquí que sufren bajo mucha condenación del diablo por los pecados del pasado."* Ahora las palabras están fluyendo: *"Pero Dios dice que Cristo murió por esos pecados y ya pagó el precio. Él ha olvidado esos pecados y te ama. Él quiere liberarte ahora de esa condenación."* Si la palabra es de Dios, simplemente decirla puede liberar a la gente que está batallando con la condenación.

- Puedes sentirte muy lleno, como si algo estuviera subiendo desde tu interior y tuviera que expresarse.

- A veces, una palabra que tú dices puede tocar a otra persona en el servicio y el mensaje crece de persona a persona.

- Casi siempre es mejor no decir: *"Así dice el Señor,"* sino: *"Yo creo que el Señor quiere decir,"* o *"Siento esto en mi corazón."*

- Tenemos que crear una atmósfera de seguridad en la iglesia que anime a la gente a profetizar. Debe ser algo natural y común. Es más fácil y mejor comenzar en grupos pequeños. Después de oración o adoración, el líder puede preguntar: *"¿Hay alguien aquí que sienta algo del Señor en su espíritu?"* Parece que muchas veces la adoración nos prepara para oír a Dios. Deja suficiente tiempo para esperar al Señor para que hable. No apagues el Espíritu porque te sientes incómodo con el silencio.

- Ten cuidado de no caer en una rutina, donde algunos "profetas" piensan que siempre tienen que traer una palabra nueva. Hay páginas en Internet donde el "profeta" supuestamente recibe una palabra nueva cada día. Yo soy sospechoso de ellos. Dios no opera conforme a nuestros horarios.

- Enseña a tu iglesia cómo compartir una palabra profética. Algunos pastores prefieren que la persona consulte primero con el pastor o un líder. En un templo grande, puedes usar un micrófono. Explica lo que está sucediendo y, si tienes que corregir una palabra, hazlo con amor.

39 Así que, hermanos míos, ambicionen el don de profetizar, y no prohíban que se hable en lenguas. 40 Pero todo debe hacerse de una manera apropiada y con orden.

¿Cómo está tu actitud hacia la profecía? ¿La de tu iglesia? ¿Cuadra con la Biblia? ¿Ambicionas el don? Lamentablemente, incluso en iglesias supuestamente abiertas al Espíritu, hay pocas palabras proféticas. Si hay profecía en tu iglesia, ¿la hacen de manera apropiada y con orden? Algunos han rechazado la profecía debido a problemas en el pasado. Qué lástima. Fue una falla del liderazgo supervisar el don dentro de la autoridad de la iglesia. ¡Qué gran privilegio es oír a un Dios vivo! Mi oración es que la profecía sea una parte integral de tu vida y de tu iglesia.

22

"Yo quisiera que todos ustedes hablaran en lenguas." (Pablo)

1 Corintios 14

Yo quisiera que todos ustedes hablaran en lenguas (v. 5).

Doy gracias a Dios porque hablo en lenguas más que todos ustedes (v. 18).

No prohíban que se hable en lenguas (v. 39).

E stá claro que Pablo creía que hablar en lenguas tiene mucho valor. Entonces, ¿por qué sigue siendo un tema tan polémico? Es cierto que hay abusos del don, pero algo no se rechaza simplemente porque algunos no saben cómo manejarlo; se busca un equilibrio bíblico. Es cierto que los corintios ponían demasiado énfasis en lenguas, pero Pablo nunca dice que deben dejar de hablar en lenguas. ¡Quisiera que *todos* hablasen en lenguas! Los que desprecian lenguas son los que no tienen el don. Nunca he oído a alguien que ora en lenguas decir que no es de Dios o que es inútil.

No es un tema muy importante en la Biblia. La única vez que se menciona en los evangelios es en Marcos 16:17, parte de un pasaje que la Nueva Versión Internacional dice que no está incluido en "los manuscritos más antiguos y otros testimonios de la antigüedad". Allí, Jesús dice que es una señal que acompañará a los que creen, junto con tomar serpientes en sus manos y beber algo venenoso sin hacerse daño. Parece que el don de "lenguas" era tan común que Pablo solamente escribió acerca de él en relación con los abusos en Corinto.

Lo que es interesante es la relación entre lenguas y profecía (ver Hechos 19:6). Varias veces en el Antiguo Testamento se dice que profetizaron cuando el Espíritu cayó (Números 11:25-27, 1 Samuel 10:5-13; 18:10; 19:20-24). Parece que era una alabanza extática, semejante a lenguas, porque está claro que no estaban proclamando mensajes del Señor.

¿Son las "lenguas" la señal del bautismo en el Espíritu?

Algunos creen que "lenguas" es la señal necesaria del bautismo en el Espíritu Santo, o incluso dicen que si no hablas en lenguas no eres salvo. Dado que gran parte de la controversia acerca de las lenguas se origina con esa doctrina, veamos qué sucedió en Hechos en las tres veces que hablaron en lenguas cuando recibieron el Espíritu.

Hechos 2:4: *Todos fueron llenos del Espíritu Santo y comenzaron a hablar en lenguas, según el Espíritu les concedía expresarse.*

En Pentecostés, todos los presentes en el Aposento Alto recibieron el Espíritu y todos hablaron en lenguas. Algunos creen que, por lo que sucedió aquí, las "lenguas" tienen que ser idiomas conocidos. Claro que Dios puede darle a alguien la capacidad de hablar un idioma que nunca aprendió; yo he oído esos testimonios. Pero Pablo dice que lenguas son misterios que nadie entiende, y creo que hay varias razones por las cuales las lenguas de Pentecostés no eran idiomas conocidos.

- Cuatro veces dice que la multitud los oyó hablar en su lengua materna. Dios hizo dos milagros: el hablar en lenguas y también el dar una traducción de ellas a los oyentes. Por eso quedaron maravillados, desconcertados y perplejos.

- Había 120 personas hablando en voces tan altas que atrajeron a una multitud, y se mencionan quince grupos étnicos distintos. Un simple experimento confirmará que nadie podría entender nada con tantas personas hablando en voces muy altas en tantos idiomas.

- La multitud creyó que los discípulos estaban borrachos.

Hechos 10:45-46: *Los defensores de la circuncisión que habían llegado con Pedro se quedaron asombrados de que el don del Espíritu Santo se hubiera derramado también sobre los gentiles, pues los oían hablar en lenguas y alabar a Dios.*

El hablar en lenguas confirmó a los judíos que los gentiles habían recibido el Espíritu. Es interesante que, cuando Pedro cuenta lo que les sucedió a los hermanos en Jerusalén, no mencione lenguas, posiblemente porque todos esperaban que hablaran en lenguas.

Hechos 19:6: *Cuando Pablo les impuso las manos, el Espíritu Santo vino sobre ellos, y empezaron a hablar en lenguas y a profetizar.*

Esta es la única vez que hablaron en lenguas y profetizaron cuando recibieron el Espíritu, posiblemente parecido a la profecía del Antiguo Testamento que ya mencioné.

El único otro bautismo en el Espíritu mencionado (Hechos 8:17) no dice nada acerca de lenguas, pero algo (posiblemente lenguas) atrajo la atención de Simón, quien quería la misma habilidad. ¿Son tres de las cuatro veces suficientes para formar una doctrina de que hablar en lenguas es la señal necesaria para el bautismo en el Espíritu? Las Escrituras nunca afirman eso, aunque se puede decir que el resultado del bautismo es alabar al Señor, casi siempre en lenguas, y cuando hablaron en lenguas, parece que todos recibieron el don. Pero decir que es la única señal va en contra del versículo 22: *De modo que el hablar en lenguas es una señal, no para los creyentes sino para los incrédulos.*

El propósito de lenguas

² Porque el que habla en lenguas no habla a los demás, sino a Dios. En realidad, nadie le entiende lo que dice, pues habla misterios por el Espíritu.

Cuando oran en lenguas, la tercera persona de la Trinidad (quien mora en tu corazón) se comunica directamente con el Señor. Aunque puede ser un misterio, muchas veces tengo un sentido de lo que estoy orando. Obviamente, esto es una gran ventaja en la oración, porque siempre será conforme a la voluntad de Dios, y puedes interceder por las necesidades de familiares y otros que están lejos de ti.

⁴ El que habla en lenguas se edifica a sí mismo; en cambio, el que profetiza edifica a la iglesia. ⁵ Yo quisiera que todos ustedes hablaran en lenguas, pero mucho más que profetizaran. El que profetiza aventaja al que habla en lenguas, a menos que este también interprete, para que la iglesia reciba edificación.

Como vimos en el capítulo anterior, la ventaja de la profecía es la edificación de toda la iglesia, pero ¡es muy legítimo edificarte a ti mismo! Qué locura decir (como dicen algunos) que es un don egoísta que no sirve porque no edifica a otros. ¡Es una gran bendición tener la capacidad de edificarte en cualquier momento!

¹⁴ Porque, si yo oro en lenguas, mi espíritu ora, pero mi entendimiento no se beneficia en nada. ¹⁵ ¿Qué debo hacer entonces? Pues orar con el espíritu, pero también con el entendimiento; cantar con el espíritu, pero también con el entendimiento.

Como se ve en estos versículos, cuando el Nuevo Testamento habla de orar en el Espíritu, es casi seguro que se refiere a orar en lenguas. Es importante orar con el entendimiento (en español), pero también en lenguas. Y Pablo introduce algo nuevo aquí, que también es muy útil: cantar en el Espíritu. Lamentablemente, no lo ves mucho, pero es hermoso oír una nueva canción angélica, con todos guiados por el Espíritu. (Parece que cantar en la iglesia en lenguas está exento de la prohibición de hablar en lenguas públicamente sin interpretación). También es muy bueno cantar en lenguas todo el día; hablar en lenguas es como el aceite que facilita el flujo del Espíritu en tu vida.

"Lenguas:" principalmente para uso privado

[6] Hermanos, si ahora fuera a visitarlos y les hablara en lenguas, ¿de qué les serviría, a menos que les presentara alguna revelación, conocimiento, profecía o enseñanza? [7] Aun en el caso de los instrumentos musicales, tales como la flauta o el arpa, ¿cómo se reconocerá lo que tocan si no dan distintamente sus sonidos? [8] Y, si la trompeta no da un toque claro, ¿quién se va a preparar para la batalla? [9] Así sucede con ustedes. A menos que su lengua pronuncie palabras comprensibles, ¿cómo se sabrá lo que dicen? Será como si hablaran al aire. [10] ¡Quién sabe cuántos idiomas hay en el mundo, y ninguno carece de sentido! [11] Pero, si no capto el sentido de lo que alguien dice, seré como un extranjero para el que me habla, y él lo será para mí. [12] Por eso ustedes, ya que tanto ambicionan dones espirituales, procuren que estos abunden para la edificación de la iglesia.

¹⁶ De otra manera, si alabas a Dios con el espíritu, ¿cómo puede quien no es instruido decir «amén» a tu acción de gracias, puesto que no entiende lo que dices? ¹⁷ En ese caso tu acción de gracias es admirable, pero no edifica al otro.

¹⁹ Sin embargo, en la iglesia prefiero emplear cinco palabras comprensibles y que me sirvan para instruir a los demás que diez mil palabras en lenguas.

Pablo dice todo esto para profundizar en la ventaja de la profecía, que edifica a toda la iglesia. No es para despreciar lenguas, que también es un don legítimo, sino para enfatizarles que no son muy útiles en la congregación.

²⁰ Hermanos, no sean niños en su modo de pensar. Sean niños en cuanto a la malicia, pero adultos en su modo de pensar. ²¹ En la ley está escrito:

«Por medio de gente de lengua extraña
*   y por boca de extranjeros*
hablaré a este pueblo,
*   pero ni aun así me escucharán», dice el Señor.*

Para concluir este tema, Pablo cita a Isaías para decir que aún las lenguas no tocarán un corazón endurecido. Es una señal de inmadurez estar tan enfocado en lenguas.

El uso de lenguas

¹⁸ Doy gracias a Dios porque hablo en lenguas más que todos ustedes.

Si tienes el don de lenguas (una lengua angélica de oración), ¡úsalo! He hablado con ancianos en la iglesia que dicen con orgullo: "Sí, hace treinta años el Señor me bautizó con su Espíritu y hablé en lenguas." Pero nunca volvieron a hablar en lenguas; nunca desarrollaron ese don. Con el énfasis en lenguas como una señal, muchos olvidan que el propósito es ayudarte en oración y edificarte a ti mismo.

Gracias a Dios, con tanta gente de otros países hablando lenguas extranjeras y muchos hablando en sus teléfonos celulares, nadie presta atención si andas en la calle hablando otra lengua. ¡Yo lo hago mucho! Descubrí que si paso unos días sin hablar en lenguas, tengo que examinar lo que está sucediendo en mi espíritu. Si estoy caminando en el Espíritu, hablo mucho en lenguas; esto corresponde directamente a mi salud espiritual.

Si Dios te ha dado ese don, tú puedes comenzar a hablar en lenguas cuando quieras; no tienes que esperar algún sentimiento o algún servicio muy ungido. Con práctica, tu lengua fluirá más y más. Al principio puedes repetir una sola palabra, y puedes tener dudas si realmente es de Dios. Pero es como un bebé que aprende a hablar: con la práctica, aprenderás más palabras y desarrollarás el don.

²³ Así que, si toda la iglesia se reúne y todos hablan en lenguas, y entran algunos que no entienden o no creen, ¿no dirán que ustedes están locos?

Tener a muchas personas hablando en lenguas en voz alta durante un servicio no impresiona a nadie, especialmente a Dios. Sirve como tropiezo para aquellos que no están acostumbrados a lenguas, y también para confirmar la inquietud de algunos inconversos que piensan que estamos locos. Está perfectamente bien orar o adorar en lenguas en voz inaudible.

¹³ Por esta razón, el que habla en lenguas pida en oración el don de interpretar lo que diga.

²⁷ Si se habla en lenguas, que hablen dos —o cuando mucho tres—, cada uno por turno; y que alguien interprete. ²⁸ Si no hay

*intérprete, que guarden silencio en la iglesia y cada uno hable
para sí mismo y para Dios*

Una vez más, se señala la diferencia entre lenguas con interpretación en público (que funciona como profecía) y lenguas en privado (un lenguaje de oración). Si alguien siempre habla en lenguas en un servicio, sin interpretación, un líder de la iglesia debe hablar con esa persona; está fuera de orden. Hay algunos que quieren llamar la atención sobre sí mismos. Si hay un mensaje dado en lenguas, ora por una interpretación y espera hasta que Dios la dé. Es bueno, de vez en cuando, explicar lo que está sucediendo para aquellos que no están acostumbrados a lenguas.

39 *Así que, hermanos míos, ambicionen el don de profetizar, y no prohíban que se hable en lenguas.*

Las iglesias que prohíben hablar en lenguas están en pecado. Necesitamos una sana enseñanza acerca de este don.

Recibir el don de lenguas

¿Quieres un lenguaje angélico que te ayude en la oración y te edifique en cualquier momento? No hay nada en la Biblia que diga que Dios no quiere darte ese don. Yo he conocido a personas que han pedido mucho por el don de lenguas y sufren porque no lo reciben. No lo entiendo, pero tenemos que confiar en la soberanía de Dios. Nunca queremos inventar lenguas para complacer a otros.

Yo recibí el don como un nuevo cristiano en la universidad. Un día yo estaba solo leyendo el libro <u>Poder</u> <u>en</u> <u>la</u> <u>Alabanza</u> por Merlin Carothers. Mi corazón estaba lleno de adoración y comencé a alabar a Dios. De repente, casi sin saber qué sucedió, me encontré adorando en lenguas. Era como si una presa hubiera estallado y las palabras fluyeron de mi corazón como ríos de agua viva.

¿Cómo recibir este don?

1. Es un don de Dios. Simplemente pídele con un corazón abierto. Dile que quieres una comunicación más íntima. Entrega tu lengua al Señor. Algunos, con un corazón orgulloso que creen que lenguas suenan extrañas o que no las necesitan, tienen que confesárselo al Señor. Para aquellos que dicen "Yo nunca voy a hablar en lenguas", creo que abrirse para hablar en lenguas puede ser un punto importante de entrega al Señor.

2. Examina tu corazón y confiesa cualquier pecado. El pecado apaga el flujo del Espíritu.

3. Entrega tu vida de nuevo a Cristo y pídele por la plenitud del Espíritu en tu vida.

4. Comienza a darle gracias, orarle o adorarlo, sin prisas. Muchas veces sientes que algo sube por tu garganta, llenando tu boca. Abre la boca y di lo que salga.

5. *Asimismo, en nuestra debilidad, el Espíritu acude a ayudarnos. No sabemos qué pedir, pero el Espíritu mismo intercede por nosotros con gemidos que no pueden expresarse con palabras. Y Dios, que examina los corazones, sabe cuál es la intención del Espíritu, porque el Espíritu intercede por los creyentes conforme a la voluntad de Dios* (Romanos 8:26-27). A veces es bueno empezar con gemidos o suspiros profundos, inhalando el Espíritu y exhalando cualquier palabra que Él te dé.

6. También puedes pedirle a alguien que crea o practique el don, imponga las manos y ore por ti.

Si ya has hablado en lenguas pero por alguna razón ya no las usas mucho, mi petición es que este mensaje sirva como estímulo del Espíritu Santo para volver a usarlas diariamente. Si creciste en una iglesia que dice que lenguas no son para hoy, yo creo que, a través de la Palabra, el Espíritu tocará tu corazón e incluso te dará el deseo de tener un lenguaje de oración. Es posible que ya hayas pedido ayuda al Señor en tu vida de oración, y este don puede ser la provisión de Dios para ti. Yo quisiera que todos ustedes hablaran en lenguas.

23

El orden de Dios

1 Corintios 14:26-40

¡Este capítulo 14 de 1 Corintios está lleno de controversia! Ya hemos hablado de los dones de profecía y lenguas. El único tema que nos queda es la cuestión del orden en los servicios. Parece bastante benigno, pero Pablo incluye en ello la participación de las mujeres en los cultos.

Instrucciones para el culto de adoración

26 ¿Qué concluimos, hermanos? Que, cuando se reúnan, cada uno puede tener un himno, una enseñanza, una revelación, un mensaje en lenguas, o una interpretación. Todo esto debe hacerse para la edificación de la iglesia. 27 Si se habla en lenguas, que hablen dos —o cuando mucho tres—, cada uno por turno; y que alguien interprete. 28 Si no hay intérprete, que guarden silencio en la iglesia y cada uno hable para sí mismo y para Dios.

29 En cuanto a los profetas, que hablen dos o tres, y que los demás examinen con cuidado lo dicho. 30 Si alguien que está sentado recibe una revelación, el que esté hablando ceda la palabra. 31 Así todos pueden profetizar por turno, para que todos reciban instrucción y aliento. 32 El don de profecía está bajo el control de los profetas, 33 porque Dios no es un Dios de desorden, sino de paz.

La imagen aquí es muy diferente de lo que vemos en la mayoría de los servicios actuales, los cuales son más como un espectáculo, con una banda y un predicador para entretenernos. El objetivo en ellos es salir animado, feliz y entusiasmado, algo así como un partido de fútbol en un estadio. La pregunta es: ¿quieres estar en el juego o simplemente mirar desde las bancas? ¡Dios te diseñó para jugar!

Pablo dice que la iglesia debe funcionar como un cuerpo: cada miembro tiene una parte importante en el servicio. Hay que llegar al servicio llenos y listos para compartir y edificar a los demás, en lugar de llegar vacíos, con la expectativa de que la música, la predicación y la unción te llenen. Claro que es difícil poner en práctica este modelo en una iglesia grande. ¡No sería posible para miles de personas traer himnos o enseñanzas! Es muy importante tener grupos pequeños para experimentar la verdadera comunidad cristiana y ejercer dones espirituales. Es hermoso estar en un servicio con todos unánimes en el Espíritu, esperando en el Señor. El Espíritu claramente guía a uno y luego a otro para comenzar una alabanza, leer una porción bíblica, etcétera. Pero eso requiere más fe; la mayoría de los pastores no quieren perder ese control. Siempre habrá el riesgo de que alguien quiera cantar su alabanza favorita cada semana, otro que use una oración para compartir chismes y otro que lleve una mala interpretación de la Biblia. Si hay gente fuera de orden, los líderes tienen que intervenir. Muchos no quieren hacer eso, pero es parte de aprender a ser un cuerpo.

Dios no se limita a un solo estilo de adoración. La adoración litúrgica con un libro que sigue la misma forma cada semana puede ser muy ungida por el Señor, y las iglesias orgullosas de su libertad y falta de liturgia en realidad casi siempre siguen el mismo orden cada semana. Incluso preparan la música de antemano para un sonido profesional, en lugar de esperar en el Espíritu durante el servicio para la próxima canción. Esos detalles de estilo son más culturales; lo importante es dejar que el Espíritu Santo tenga la libertad de ministrar en el culto.

En resumen, entonces, ¿qué aprendemos aquí acerca de un servicio o culto de adoración?

- El dar libertad al Espíritu para que se manifieste con varios dones no significa desorden. Si el Espíritu está presente, habrá orden y paz.

- Tenemos que enseñar y modelar cómo funciona la iglesia como un cuerpo y dar la oportunidad en los servicios para la expresión de varios dones.

- La prueba para todo en un servicio es: ¿Sirve para edificar a los hermanos? Creo que perdemos mucho tiempo en anuncios, la ofrenda y otras cosas que realmente no edifican la iglesia. En muchas iglesias, el flujo del Espíritu en la adoración se interrumpe por ellas.

- El objetivo es dar libertad al Espíritu, una libertad guiada por los líderes de la iglesia. Para tener un verdadero culto de adoración que agrada a Dios, se necesita la unción y la presencia del Espíritu. Qué lástima que muchos servicios dependen completamente de las habilidades de los músicos y el predicador, quienes saben muy bien cómo entretener y complacer a la gente. Ni siquiera necesitan el Espíritu – ¡y muchas veces Él no aparece!

La participación de las mujeres en el culto

[33]Como es costumbre en las congregaciones de los creyentes, [34] guarden las mujeres silencio en la iglesia, pues no les está permitido hablar. Que estén sumisas, como lo establece la ley. [35] Si quieren saber algo, que se lo pregunten en casa a sus

esposos; porque no está bien visto que una mujer hable en la iglesia.

36 ¿Acaso la palabra de Dios procedió de ustedes? ¿O son ustedes los únicos que la han recibido? 37 Si alguno se cree profeta o espiritual, reconozca que esto que les escribo es mandato del Señor. 38 Si no lo reconoce, tampoco él será reconocido.

Estos versículos son difíciles. En el ambiente del siglo XXI parecen muy anticuados. ¿Hasta qué punto tenemos que someternos a todo lo que dice la Biblia? ¿Y cómo se interpreta esto en el contexto de otros pasajes?

El estudio del papel de la mujer en la iglesia es largo, complicado y delicado. Hay buenos libros que puedes leer; un estudio profundo no es posible aquí. Me molesta la manipulación de las Escrituras para evitar lo que claramente dice. No nos corresponde a nosotros quitar algunos versículos que no nos gustan. No seas juez de la Palabra de Dios.

Esta palabra no es solo para alguna situación particular en Corinto. Pablo dice que *es costumbre en las congregaciones de los creyentes*. En algunos contextos, Pablo ofrece un consejo que él dice que es su opinión, no un mandato de Dios. Pero aquí dice que *es mandato del Señor*, y tiene palabras fuertes para alguien que no lo reconoce.

Está claro que las mujeres pueden hablar en algunas situaciones en la iglesia. En la misma carta (11:5), Pablo habla de mujeres que oran y profetizan en la iglesia. Hechos 21:9 menciona a cuatro hijas solteras de Felipe que profetizaron. Los dones son dados sin respeto al género del creyente (Joel 2:28-29), pero parece que los cinco oficios están restringidos a los hombres. Creo que aquí Pablo tiene en mente el mismo mensaje que comparte en 1 Timoteo 2:11-14: *la mujer debe aprender en silencio, con toda sumisión. No permito que la mujer enseñe al hombre ni ejerza autoridad sobre él; debe guardar silencio. Porque primero fue formado Adán, y Eva después. Además, no fue Adán el engañado, sino la mujer; y ella, una vez engañada, incurrió en pecado.* Esto no es una cuestión de cultura, sino de la sumisión de la mujer que se enseña en otros pasajes y en la historia de la creación. Es muy difícil honrar la Palabra y aún creer que las mujeres pueden ser pastores.

40 *Pero todo debe hacerse de una manera apropiada y con orden.*

Hay un orden y normas que Dios ha establecido para su creación, la sociedad, la iglesia, la familia y el individuo. El mundo actual está en rebelión contra la autoridad de Dios, y esa rebelión incluso ha llegado a la iglesia. Cuando no hacemos las cosas de una manera apropiada, en el orden de Dios, todos sufrimos. En este capítulo, Pablo nos ha dado unas normas muy claras para el orden en la iglesia. Puede que no nos gusten, pero nuestra tarea es someternos a la Palabra y ponerla en práctica. Que Dios nos ayude a ordenar nuestras iglesias conforme a su plan. De esa manera, vamos a ver su verdadera bendición.

24

El mensaje y el mensajero

1 Corintios 15:1-11

¹¹ En fin, ya sea que se trate de mí o de ellos, esto es lo que predicamos, y esto es lo que ustedes han creído.

En este versículo vemos los tres elementos del ministerio:
El mensajero

El mensaje

Los receptores

El mensajero

⁷ Luego se apareció a Jacobo, más tarde a todos los apóstoles, ⁸ y, por último, como a uno nacido fuera de tiempo, se me apareció también a mí. ⁹ Admito que yo soy el más insignificante de los apóstoles y que ni siquiera merezco ser llamado apóstol, porque perseguí a la iglesia de Dios. ¹⁰ Pero por la gracia de Dios soy lo que soy, y la gracia que él me concedió no fue infructuosa. Al contrario, he trabajado con más tesón que todos ellos, aunque no yo, sino la gracia de Dios que está conmigo.

¡Cristo apareció! Dios tomó la iniciativa; vino a nosotros y se reveló en la persona de Jesucristo. ¿Has tenido un encuentro con el Cristo vivo? Es necesario si vas a compartir un mensaje vivo. Dios sigue llamando mensajeros. No busca voluntarios. Pablo se sentía a sí mismo como el más insignificante de los apóstoles, pero si Dios te llama, Él te usará a pesar de tu pasado:

- Pablo no fue uno de los doce.
- Nació *"fuera de tiempo"* ("como un aborto", RVR).
- Estaba avergonzado de su pasado; nunca podría olvidar el rostro de Esteban cuando fue apedreado.
- Era un enemigo de Cristo, persiguiendo a su iglesia.

A pesar de eso, Pablo no permitió que Satanás usara su pasado para condenarlo ni paralizar su ministerio. Muchas veces, los hombres más útiles para el Señor son aquellos que han superado muchos obstáculos en sus vidas y no se conforman con las expectativas de otros ministros. Si tú te sientes diferente a los demás, con cosas feas en tu pasado, no te preocupes. No subestimes lo que Dios puede hacer.

Pablo fue el último, el más insignificante. Sabe que no merece ser llamado apóstol, pero Dios usa más a los débiles. Los últimos serán los primeros. Dios se deleita en exaltar lo despreciado. Puedes sentirte indigno. No tienes la preparación intelectual, el éxito, la facilidad para hablar o la buena familia que tienen los demás. Puede ser que no seas muy bien parecido. No importa. Solo sirven para confirmar que no tiene nada que ver contigo, sino con Dios y su poder. Por la gracia de Dios, eres lo que eres. No es por tu propia fuerza. Si has tenido un buen éxito en el ministerio, toda la gloria pertenece a Cristo. Tenemos que aprender a vivir toda nuestra vida por la gracia de Dios. Todo lo que tenemos es un don inmerecido de Dios. Si estás ministrando en la gracia de Dios, no estarás infructífero. La naturaleza de la semilla de Dios es que crece y produce frutos, mucho fruto. Si eres infructífero, debes examinarte para ver si estás laborando en tu propia fuerza. La Reina Valera dice que nunca es en vano lo que haces por la gracia de Dios.

La obra es de Dios, pero el ministerio todavía cuesta mucho trabajo. Es algo misterioso: la gracia de Dios nos motiva a laborar con mucho tesón. Es parecido a alguien que estudia fuera de su país y no conoce muy bien el idioma; tiene que trabajar con más tesón que los demás. Lamentablemente, hay muchas personas perezosas en el ministerio. El Señor merece tus mejores esfuerzos: trabaja con mucho tesón por medio de su gracia y para su gloria.

El mensaje

³ Porque ante todo les transmití a ustedes lo que yo mismo recibí: que Cristo murió por nuestros pecados según las Escrituras, ⁴ que fue sepultado, que resucitó al tercer día según las Escrituras, ⁵ y que se apareció a Cefas, y luego a los doce. ⁶ Después se apareció a más de quinientos hermanos a la vez, la mayoría de los cuales vive todavía, aunque algunos han muerto.

Nuestro mensaje es recibido; no es nuestro deber inventar un mensaje nuevo para atraer a la gente. Nosotros solo somos transmisores. No añadas nada a la Palabra de Dios; nuestra fe se basa en la autoridad bíblica.

El mensaje es muy sencillo: Jesucristo. Somos pecadores, separados de Dios; no podemos salvarnos por nosotros mismos. Solo un sacrificio perfecto puede pagar el precio de nuestro pecado y evitar el bien merecido juicio de Dios. Cristo murió en la cruz por tu pecado, conforme a las profecías del Antiguo Testamento, fue sepultado y resucitó al tercer día. ¡Cristo vive! Muchas personas, más de quinientas, fueron testigos de su resurrección. No hay duda de que Cristo resucitó. Venció el pecado, la muerte y Satanás. Su victoria es ahora nuestra. Esa resurrección es el tema de este capítulo.

¿Estás predicando este mensaje? ¿O crees que tienes que entretener a tu iglesia? ¿Crees que tienes que enfocarte más en todas las bendiciones que Dios tiene, en lugar del precio de la salvación? Puedes pensar que todos ya han oído este mensaje y que tienes que hablar sobre algo diferente, pero este es el mensaje que tiene el poder de Dios para salvar y restaurar al hombre. Claro que también tenemos que predicar otros temas bíblicos, pero este mensaje es el fundamento.

Los receptores

[1]*Ahora, hermanos, quiero recordarles el evangelio que les prediqué, el mismo que recibieron y en el cual se mantienen firmes.* [2]*Mediante este evangelio son salvos, si se aferran a la palabra que les prediqué. De otro modo, habrán creído en vano.*

No vale mucho tener a un mensajero bien preparado y un mensaje ungido si no tenemos audiencia. Dios nos capacita y nos prepara con un propósito. La mies es mucha y los obreros son pocos. Ahora mismo, Él está preparando a la gente para escuchar y recibir el mensaje por fe: creer que es verdadero y relevante para sus vidas. Pero no basta con recibirlo; tienen que ponerlo en práctica y mantenerse firmes en el evangelio. Las dudas y las pruebas vendrán, pero Cristo es la roca, y tenemos que perseverar firmes en Él.

Los corintios operaban mucho con los dones y el poder del Espíritu. Eso es bueno, pero en medio de todos los programas, bulla y emoción en la iglesia es fácil olvidar el corazón del evangelio. El ministro tiene que recordar a la gente el mensaje.

Hay una condición para nuestra salvación: aferrarse a la palabra (*"perseverar y retener la palabra"*, RVR). Yo sé que es muy popular hoy en creer que cuando dices una oración para salvación (recibes el mensaje) ya tienes tu boleto al cielo, y venga lo que venga, estarás bien. Al hombre que quiere continuar en su pecado le gusta ese mensaje. Pero no es bíblico. Si negamos el mensaje y rechazamos el señorío de Jesucristo en nuestras vidas, no estamos cumpliendo con esta condición de salvación. Tenemos que perseverar en nuestra fe en Jesús y manifestar esa fe en nuestra obediencia. Es posible creer en vano: si no perseveras y no retienes la palabra, tu fe es en vano. De hecho, es peor, e incluso peligroso, tener una falsa confianza en que estás bien porque hace años, en algún momento, recibiste el mensaje, si no estás caminando con Jesús ahora.

Jesús da algunos ejemplos de creer en vano

Jesús habló de la posibilidad de creer en vano en la parábola del sembrador:

El sembrador siembra la palabra. Algunos son como lo sembrado junto al camino, donde se siembra la palabra. Tan pronto como la oyen, viene Satanás y les quita la palabra sembrada en ellos. Otros son como lo sembrado en terreno pedregoso: cuando oyen la palabra, en seguida la reciben con alegría, pero, como no tienen raíz, duran poco tiempo. Cuando surgen problemas o persecución a causa de la palabra, en seguida se apartan de ella. Otros son como lo sembrado entre espinos: oyen la palabra, pero las preocupaciones de esta vida, el engaño de las riquezas y muchos otros malos deseos entran hasta ahogar la palabra, de modo que esta no llega a dar fruto. Pero otros son como lo sembrado en buen terreno: oyen la palabra, la aceptan y producen una cosecha que rinde el

treinta, el sesenta y hasta el ciento por uno»
(Marcos 4:14-20).

El mensaje y el mensajero son fieles. Ellos no cambian. Hacen su parte. La semilla es solo buena: la rica Palabra de Dios, el Evangelio. El sembrador es obediente a su llamado. La diferencia está en el terreno, en el receptor. Satanás se aprovecha de un corazón duro para quitar la semilla a algunos. Otros no tienen raíces; no se aferran a la palabra ni la ponen en práctica. Tan pronto como tienen problemas o son perseguidos por creer en la palabra de Dios, caen. Creyeron en vano. Lo mismo sucede con otros que no se mantienen firmes. Las preocupaciones de esta vida, el engaño de las riquezas y muchos otros deseos malvados entran hasta ahogar la palabra y hacen que no dé fruto. Han creído en vano. Solo una cuarta parte, con buen terreno, escucha el mensaje, lo recibe y produce una buena cosecha. Se mantienen firmes y se aferran a la palabra.

Otro ejemplo se encuentra en Mateo 7:26-27:

> *Pero cualquiera que me oye estas palabras y no las hace, le compararé a un hombre insensato, que edificó su casa sobre la arena; y descendió lluvia, y vinieron ríos, y soplaron vientos, y dieron con ímpetu contra aquella casa; y cayó, y fue grande su ruina.*

Este hombre también escuchó la palabra y edificó una casa, pero no puso la palabra en práctica. En la tormenta, la casa cayó. Creyó en vano.

¿Cuál eres tú? ¿Estás perseverando? ¿Has recibido el mensaje? ¿Hay problemas y preocupaciones que pueden ahogar la palabra? ¿Existe la posibilidad de que el engaño de las riquezas y muchos malos deseos puedan resultar en que creíste en vano?

¿Hay una tormenta que aflige tu vida ahora? ¿Has puesto la palabra de Jesús en práctica? ¿O está edificada tu casa sobre la arena?

¿Estás haciendo tu parte en sembrar la palabra? Si Dios te ha llamado a compartir este mensaje, Él te dará la gracia de trabajar con mucho tesón por su gloria.

Si nunca has recibido este mensaje y quieres ser salvo, acepta a Cristo ahora. Él quiere perdonar tus pecados y darte una vida nueva. No importa lo que hayas hecho.

25

Que Dios sea todo en todos

1 Corintios 15:12-34

En los años setenta hubo un cantante afro-americano cristiano muy popular llamado Andrae Crouch. Entre sus muchas hermosas canciones había una que dijo:

Puedes preguntarme por qué siervo al Señor: ¿Es sólo para el beneficio del cielo? ¿O para caminar esas calles de oro? ¿Y para oír a los ángeles cantar? ¿Es sólo para beber de la fuente, la que nunca se secará? ¿O vivir para siempre, en esa gloriosa eternidad?

Pues si el cielo nunca me fue prometido, ni la promesa de Dios de vivir eternamente, valió la pena solo tener al Señor en mi vida. Viviendo en un mundo de oscuridad, Él vino y me trajo la luz.

Yo entiendo bien sus sentimientos y espero que tu experiencia también pueda confirmar que es de valor infinito conocer a Cristo ahora. Pero me parece que Pablo hubiera tenido dificultades con esa canción, porque él dice:

Si la esperanza que tenemos en Cristo fuera sólo para esta vida, seríamos los más desdichados (los más dignos de conmiseración) de todos los hombres (v. 19).

Muchos se sienten tan cómodos aquí en la tierra que la promesa del cielo les parece lejana y poco atractiva. Yo he oído a cristianos decir que no están seguros de si quieren pasar toda la eternidad en un culto de adoración. Ni la esperanza de un cielo ni la amenaza del infierno son suficientes para motivar a algunos a aceptar a Cristo. Y muchos hoy, como en ese día, tienen sus dudas acerca de una resurrección.

La resurrección de Cristo es el fundamento de nuestra fe

[12] *Ahora bien, si se predica que Cristo ha sido levantado de entre los muertos, ¿cómo dicen algunos de ustedes que no hay resurrección?* [13] *Si no hay resurrección, entonces ni siquiera Cristo ha resucitado.* [14] *Y, si Cristo no ha resucitado, nuestra predicación no sirve para nada, como tampoco la fe de ustedes.* [15] *Aún más, resultaríamos falsos testigos de Dios por haber testificado que Dios resucitó a Cristo, lo cual no habría sucedido si en verdad los muertos no resucitan.* [16] *Porque, si los muertos no resucitan, tampoco Cristo ha resucitado.* [17] *Y, si Cristo no ha resucitado, la fe de ustedes es ilusoria y todavía están en sus pecados.* [18] *En este caso, también están perdidos los que murieron en Cristo.*

Si Cristo no resucitó, no hay mucha razón para ser cristiano.

- Nuestra predicación es inútil (es vana)
- Nuestra fe es ilusoria (infructuosa) y es inútil (es vana y vacía)
- Somos falsos testigos (mentirosos)
- Todavía estamos en nuestros pecados (bajo el control y la pena de ellos)
- Los que mueren en Cristo están perdidos (perecerán)

La vida de Cristo fue ejemplar y su sacrificio fue un acto de amor infinito, pero no valen mucho sin la victoria y la esperanza de la resurrección. Si tú tienes dudas al respecto, un buen libro (muy breve) puede ayudarte: El Caso de la Resurrección por Lee Strobel.

La resurrección revela el plan de Dios para la eternidad

²⁰ *Lo cierto es que Cristo ha sido levantado de entre los muertos, como primicias de los que murieron.* ²¹ *De hecho, ya que la muerte vino por medio de un hombre, también por medio de un hombre viene la resurrección de los muertos.* ²² *Pues así como en Adán todos mueren, también en Cristo todos volverán a vivir,* ²³ *pero cada uno en su debido orden: Cristo, las primicias; después, cuando él venga, los que le pertenecen.* ²⁴ *Entonces vendrá el fin, cuando él entregue el reino a Dios el Padre, luego de destruir todo dominio, autoridad y poder.* ²⁵ *Porque es necesario que Cristo reine hasta poner a todos sus enemigos debajo de sus pies.* ²⁶ *El último enemigo que será destruido es la muerte,* ²⁷ *pues Dios «ha sometido todo a su dominio». Al decir que «todo» ha quedado sometido a su dominio, es claro que no se incluye a Dios mismo, quien todo lo sometió a Cristo.* ²⁸ *Y, cuando todo le sea sometido, entonces el Hijo mismo se someterá a aquel que le sometió todo, para que Dios sea todo en todos.*

Aquí vemos un poquito del futuro glorioso que Dios tiene preparado para ti. Gordon Fee escribió en su comentario: *La resurrección de Cristo ha puesto en movimiento una cadena de acontecimientos inexorables que determina de modo absoluto nuestro presente y nuestro futuro.*

Cristo es las primicias, la garantía de que también habrá una resurrección para nosotros.

1. Hay un orden muy bonito en lo que Dios hace. Cristo es el segundo Adán (lee Romanos 5:12-21 para más acerca de esto). Adán trajo la muerte (eterna) a nuestra raza; Cristo trajo la vida (eterna). El verso 22 no significa que todos estarán en el cielo; son solo los que están en Cristo, los que pertenecen a Él.

2. Estamos en una batalla ahora mismo. Cristo reina, pero todavía tiene a muchos enemigos. Está en el proceso de ponerlos bajo sus pies. Él está entrenando a sus discípulos (nosotros) para participar en esa batalla y también en esa victoria. Va a destruir todo dominio, autoridad y poder en este mundo. (No, el poder de los EE. UU. o de cualquier otro país no durará para siempre.) El fin llegará cuando Cristo haya vencido a sus enemigos. Parece que tenemos la posibilidad de acelerar el fin si vencemos a sus enemigos y extendemos su reino.

3. Dios ya ha sometido todo al dominio de Jesucristo. Dios tiene todo el control, y ahora Cristo tiene dominio sobre todo, incluyendo a Satanás. Él quiere compartir ese dominio con nosotros, para que podamos reinar en esta vida.

4. La muerte es un enemigo (el último enemigo), que Cristo venció en la cruz. Es cierto que la muerte todavía tiene dominio sobre nosotros, pero la resurrección de Cristo es la garantía de que la muerte ha sido vencida. Hay que creer por fe que esa victoria también nos pertenece. Dios odia la muerte. Es un verdadero enemigo, pero ahora no hay necesidad de temerla.

5. Vemos algo de la relación entre Padre e Hijo: Dios Padre sometió todas las cosas a Cristo, pero el Padre nunca será sometido al Hijo. Cuando Cristo haya cumplido su tarea, con gran gozo y orgullo entregará su reino a su Padre.

6. Vemos también algo de la naturaleza de la sumisión. No hay que resistirla ni temerla; es una parte importante del orden de Dios. De muy buena voluntad, después de hacer todo, Cristo se someterá a su Padre. Hay mucha libertad y bendición en una sumisión sana.

El objetivo es que Dios pueda ser todo en todos. Es decir, la voluntad de Dios prevalecerá en todos los campos (la esfera completa de la creación) y en todos los sentidos. Todas las cosas quedarán reunidas (ver Efesios 1:9-10 y Romanos 11:36). Con el fin de la muerte, la separación entre el cielo y la tierra quedará sanada.

Lo que implica para nosotros

Si no hay resurrección, ¿qué sacan los que se bautizan por los muertos? Si en definitiva los muertos no resucitan, ¿por qué se bautizan por ellos? (v. 29)

Este es un verso muy difícil, uno que los mormones usan para racionalizar bautismos por los muertos. No se puede construir una práctica o una doctrina basada en un solo versículo. Parece que algunos se bautizaron en lugar de familiares cristianos que no tuvieron la oportunidad de ser bautizados antes de morir.

Y nosotros, ¿por qué nos exponemos al peligro a todas horas? Que cada día muero, hermanos, es tan cierto como el orgullo que siento por ustedes en Cristo Jesús nuestro Señor (vv. 30-31).

Pablo sabía muy bien lo que es padecer por Cristo, pero lo hizo a la luz de la eternidad. ¿Por qué sufrir si nuestra fe fuese solo para esta vida? La verdad es que uno tiene que estar loco para someterse a esa tortura sin la esperanza del cielo.

¿Qué he ganado si, sólo por motivos humanos, en Éfeso luché contra las fieras? Si los muertos no resucitan, «comamos y bebamos, que mañana moriremos» (v. 32).

No hay motivo para la santidad ahora si no hay ninguna recompensa o castigo en el futuro. Ésta es la filosofía de la mayoría del mundo actual, pero la verdad es que esta vida es solo un abrir y cerrar de ojos. Hay que actuar siempre con responsabilidad y ser conscientes de que las decisiones tienen consecuencias eternas.

No se dejen engañar: «Las malas compañías corrompen las buenas costumbres» (v. 33).

Un paso importante para la santidad es separarse de las malas compañías. Creo que todos hemos visto qué fácil es corromperse por ellas. No nos separamos completamente del mundo, pero somos muy cuidadosos con nuestras amistades y el uso del tiempo. Es bueno impactar a otros para Cristo, pero a menudo es el cristiano quien se queda impactado.

Vuelvan a su sano juicio, como conviene, y dejen de pecar. En efecto, hay algunos de ustedes que no tienen conocimiento de Dios; para vergüenza de ustedes lo digo (v. 34).

Pablo tiene sus dudas sobre si todos los corintios son salvos. El que verdaderamente conoce a Dios no puede continuar en sus pecados. Si ellos comprenden lo que Pablo está diciendo acerca de la resurrección, estarán motivados a la santidad.

¿Y tú?

- ¿Eres salvo de verdad?
- ¿Crees que hay un Cristo vivo que está batallando ahora mismo contra todos sus enemigos? ¿Estás en esa lucha ahora?
- ¿Anhelas ese día cuando Él finalmente haya puesto todo bajo sus pies, y vendrá y reinará para siempre?
- ¿Estás haciendo tu parte para adelantar su venida, proclamando su reino y tomando autoridad en su nombre sobre sus enemigos?
- ¿Cómo estás andando? ¿En santidad? ¿A la luz de la resurrección?

26

Tu cuerpo resucitado

1 Corintios 15:35-58

Pablo ya ha demostrado que sí, hay una resurrección, porque sabemos que Cristo resucitó. Ahora, para terminar el capítulo, él explica la naturaleza del cuerpo resucitado.

- Los judíos creían que el cuerpo resucitado sería el mismo cuerpo que tenemos ahora.
- Los griegos no creían en una resurrección.
- Los corintios estaban tan "en el Espíritu" que algunos creían que ya tenían su nuevo cuerpo.

¿Qué dice la Biblia?

35 Tal vez alguien pregunte: «¿Cómo resucitarán los muertos? ¿Con qué clase de cuerpo vendrán?» 36 ¡Qué tontería! Lo que tú siembras no cobra vida a menos que muera. 37 No plantas el cuerpo que luego ha de nacer sino que siembras una simple semilla de trigo o de otro grano. 38 Pero Dios le da el cuerpo que quiso darle, y a cada clase de semilla le da un cuerpo propio. 39 No todos los cuerpos son iguales: hay cuerpos humanos; también los hay de animales terrestres, de aves y de peces. 40 Así mismo hay cuerpos celestes y cuerpos terrestres; pero el esplendor de los cuerpos celestes es uno, y el de los cuerpos terrestres es otro. 41 Uno es el esplendor del sol, otro el de la luna y otro el de las estrellas. Cada estrella tiene su propio brillo.

El cuerpo resucitado

¿Cómo aparecerá tu cuerpo nuevo? Este cuerpo es solo una semilla; el nuevo será semejante, pero así como muchas plantas son muy diferentes de sus semillas, también puede serlo con nuestros cuerpos.

[42] *Así sucederá también con la resurrección de los muertos. Lo que se siembra en corrupción, resucita en incorrupción;* [43] *lo que se siembra en oprobio, resucita en gloria; lo que se siembra en debilidad, resucita en poder;* [44] *se siembra un cuerpo natural, resucita un cuerpo espiritual. Si hay un cuerpo natural, también hay un cuerpo espiritual.*

La semilla sembrada:	El cuerpo resucitará:
En corrupción	En incorrupción
En oprobio	En gloria
En debilidad	En poder
Un cuerpo natural	Un cuerpo espiritual

Ser un cuerpo espiritual no significa que no haya sustancia, sino imaginar un cuerpo sin las limitaciones, el dolor y las enfermedades de este cuerpo; ¡un cuerpo glorioso! Todos tenemos algo en el cuerpo que nos gustaría cambiar. ¡Este será un cuerpo perfecto!

[45] *Así está escrito: «El primer hombre, Adán, se convirtió en un ser viviente»; el último Adán, en el Espíritu que da vida.* [46] *No vino primero lo espiritual sino lo natural, y después lo espiritual.* [47] *El primer hombre era del polvo de la tierra; el segundo hombre, del cielo.* [48] *Como es aquel hombre terrenal, así son también los de la tierra; y como es el celestial, así son también los del cielo.* [49] *Y así como hemos llevado la imagen de aquel hombre terrenal,*

llevaremos también la imagen del celestial. ⁵⁰ Les declaro, hermanos, que el cuerpo mortal no puede heredar el reino de Dios, ni lo corruptible puede heredar lo incorruptible.

El primer hombre (Adán):	El 2ndo hombre (Jesús):
Se convirtió en un ser viviente	Es un Espíritu que da vida
Del polvo de la tierra	Del cielo
Los de la tierra son como él	Los del cielo son como Él
Llevamos su imagen	Llevaremos su imagen
No puede heredar el reino de Dios	Heredará el reino
No puede heredar lo incorruptible	Heredará lo incorruptible

Aquí en la tierra tenemos el cuerpo natural que heredamos de Adán. El nuevo cuerpo se conformará a la imagen de Cristo, la imagen celestial.

Un misterio revelado

⁵¹ Fíjense bien en el misterio que les voy a revelar: No todos moriremos, pero todos seremos transformados, ⁵² en un instante, en un abrir y cerrar de ojos, al toque final de la trompeta. Pues sonará la trompeta y los muertos resucitarán con un cuerpo incorruptible, y nosotros seremos transformados. ⁵³ Porque lo corruptible tiene que revestirse de lo incorruptible, y lo mortal, de inmortalidad. ⁵⁴ Cuando lo corruptible se revista de lo incorruptible, y lo mortal, de inmortalidad, entonces se cumplirá lo que está escrito: «La muerte ha sido devorada por la victoria.»

En la Biblia, un misterio es algo que no podemos discernir naturalmente; es algo desconocido que Dios ha revelado. Éste es uno de varios misterios en la Biblia:

- No todos moriremos (muchos sí, pero algunos aún estarán vivos cuando Cristo venga).

- Todos seremos transformados (todos vamos a recibir un cuerpo nuevo; lo corruptible, revestido de lo incorruptible; lo mortal, de inmortalidad).

- Esa transformación es en un instante.

- Viene al toque final de la trompeta (ver Mateo 24:31 y Apocalipsis 11:15).

- En ese momento, los muertos resucitarán con un cuerpo nuevo (incorruptible).

La victoria final sobre la muerte, el fin de la muerte

[55] *«¿Dónde está, oh muerte, tu victoria? ¿Dónde está, oh muerte, tu aguijón?»*
[56] *El aguijón de la muerte es el pecado, y el poder del pecado es la ley.*

Cuando pierdes a un ser querido, el aguijón de la muerte (y su victoria) parecen muy reales. Duele mucho, pero tenemos que fijar nuestros ojos en la eternidad y en la victoria que Cristo ganó en la cruz y en su resurrección. No son meras palabras, es real y deben llenarnos de esperanza. Es una palabra poderosa que el mundo necesita, especialmente aquellos que están cerca de la muerte. Comparte con ellos el evangelio de Jesús y la realidad de la vida eterna.

El aguijón de la muerte que nos lastima todos los días es el pecado. El pecado trajo la muerte a nuestra raza, pero Jesús nos liberó del pecado, y cuando vencemos al pecado, ese aguijón se debilita.

El poder del pecado era la ley, pero ya no estamos bajo la ley. Estamos bajo la gracia, llenos del Espíritu de Dios y caminando con Jesús. Cuando volvemos a caer en el legalismo, el pecado se fortalece, especialmente si queremos ser "buenos cristianos" por nuestra propia fuerza. Este capítulo nos ha dado una nueva imagen de la vida que Dios quiere para nosotros.

Tu trabajo en el Señor no es en vano

57 ¡Pero gracias a Dios, que nos da la victoria por medio de nuestro Señor Jesucristo! 58 Por lo tanto, mis queridos hermanos, manténganse firmes e inconmovibles, progresando siempre en la obra del Señor, conscientes de que su trabajo en el Señor no es en vano.

La resurrección no es solo una buena teología. La certeza de que Cristo resucitó y la esperanza de nuestra resurrección deben impactar la vida diaria. Dios nos da la victoria por medio de Jesús. Aún luchamos contra el pecado, la muerte y Satanás, pero la victoria es tuya. ¿Estás viviendo en esa victoria? Es un don, solo disponible por medio de una relación con Jesús. Tú puedes tener amigos y familiares que no conocen a Jesús y están en camino de ser derrotados. ¡Cuéntales sobre la victoria disponible en Jesús!

Mantente firme e inconmovible (constante). La falsa doctrina, la tentación y el desánimo vendrán como las olas del mar para afligirte y confundirte. Mantente firme en las verdades bíblicas y, sobre todo, en Jesús. Edifica tu vida sobre la roca y no sobre la arena, poniendo en práctica las palabras de Jesús (Mateo 7:24). ¿Cuáles son las tormentas que te azotan en este momento? ¿Qué te quita la confianza en Jesús? ¡No te muevas! Y párate con otros creyentes de la misma mente; ¡es más difícil mover un grupo unido que un individuo!

¿Estás progresando y creciendo en la obra del Señor? ¿Estás avanzando o retrocediendo? Dice que debes progresar siempre. Servir al Señor es una parte integral de la vida diaria, y debes crecer en ese trabajo. Eso significa que no harás la misma obra que hiciste hace cinco o diez años. Si no estás progresando, puede ser la razón por la que ya no te interesa trabajar para Jesús.

¿Cómo puedes seguir trabajando frente al desánimo? Tu trabajo para Jesús no es en vano.

- Dios Habla Hoy dice *"en unión con Jesús"*; ¿estás trabajando en unión con Jesús? ¿O sirviéndole a tu manera? Lo que hagamos en la carne no permanecerá.
- ¿Te sientes desanimado? ¿Te parece que has trabajado duro, con poca fruta? Reclama esta promesa, que ningún trabajo que hagas en unión con Jesús es en vano.
- Examínate en la presencia del Señor para ver si realmente estás trabajando en unión con Cristo.
- Luego, sigue fielmente en obediencia a tu llamado y deja los resultados en las manos del Señor. Solo sabrás cuán grande fue tu impacto a la luz de la eternidad.

¡Gloria a Dios! ¡Jesús resucitó! ¡Tú resucitarás! ¡Dios tiene un futuro glorioso para nosotros!

27

Ofrendas

1 Corintios 16:1-4

¡**L**legamos al final de esta tremenda carta de Pablo a los corintios! ¡Y aún hay otra carta más que él mandó a ellos! (Este siervo escribió un libro sobre 2 Corintios también.) Parece que hay otra carta más, ya perdida. ¡Ahora es nuestra responsabilidad poner la rica enseñanza de esta carta en práctica!

Como todos los escritores que terminan una carta, Pablo quiere tocar unas cosas de interés personal. Primero, la colección para los hermanos judíos en Jerusalén. Ellos eran pobres; posiblemente todavía estaban sufriendo persecución. Sabemos que algunos judíos (incluso los cristianos) todavía tenían prejuicios contra los gentiles, por lo que sería impresionante para los cristianos gentiles ayudar a sus hermanos judíos. Este es un buen ejemplo para nosotros: ayudar a hermanos de otra raza o cultura. Esto sigue el modelo de Hechos, de los ricos compartiendo con los pobres, para que haya igualdad entre los cristianos de todo el mundo. Lamentablemente, no es así hoy. Aunque los hermanos del país más rico (EE.UU.) ayudan a otros, aún mantienen un estilo de vida radicalmente más próspero.

Aquí Pablo nos da algunas normas para esa colección:

¹En cuanto a la colecta para los creyentes, sigan las instrucciones que di a las iglesias de Galacia. ² El primer día de la semana, cada uno de ustedes aparte y guarde algún dinero conforme a sus ingresos, para que no se tengan que hacer colectas cuando yo vaya. ³ Luego, cuando llegue, daré cartas de presentación a los que ustedes hayan aprobado y los enviaré a Jerusalén con los donativos que hayan recogido. ⁴ Si conviene que yo también vaya, iremos juntos.

- Alguien fuera de la iglesia, pero con autoridad en ella (como un apóstol), conoce sus necesidades y las comparte con todas las iglesias, junto con instrucciones para garantizar la integridad de la colección.

- Aunque Pablo no obligó a nadie a donar, su expectativa era la participación de todos.

- Pablo cree que sería mejor separar algo de dinero semanalmente, el primer día de la semana, posiblemente en un culto de adoración. Esto le da a cada persona la oportunidad de reflexionar, orar y seguir su propia conciencia. Pablo no quiere que esperen hasta un gran culto cuando él venga para obligar a los hermanos a dar una gran ofrenda. Pablo quiere dedicar su tiempo con ellos para edificar la iglesia, no perderlo rogando a la gente que ofrende. (Yo he estado en servicios cuando alguien viene a ministrar y dedica más tiempo a la ofrenda que a predicar). Es responsabilidad de cada persona (o familia) separar y ahorrar su dinero y entregarlo a Pablo cuando venga.

- Deben ofrendar conforme a sus ingresos (RVR: *según haya prosperado*). Lamentablemente, muchas veces los más pobres dan proporcionalmente más que los ricos. Si

Dios te ha prosperado, es tu responsabilidad compartir esa bendición con otros.

- No simplemente envían el dinero o realizan una transferencia impersonalmente. La misma iglesia escoge a algunas personas para llevar el dinero a Jerusalén, un viaje muy difícil en ese entonces. Esto garantiza que ni Pablo (en este caso), ni ninguna organización, puedan quitar nada de la colección. También sirve para edificar un puente entre las dos iglesias. Pablo sigue a cargo del asunto; él dará cartas de presentación y, si es posible, los acompañará.

Cuando nos metemos en asuntos de dinero, hay muchas oportunidades para el abuso. Es algo muy serio robar a hermanos en Cristo, ya sean aquellos que ofrendan o los que reciben. Ten cuidado con tu dinero; entrégalo solo a alguien de confianza. En tu iglesia, pon salvaguardas para garantizar la integridad del asunto. Por ejemplo, cada iglesia debe compartir abiertamente sus ingresos y cómo los usa, ya sea para el salario del pastor, el templo o misiones. Todos los que donan a esa iglesia tienen el derecho de saber qué está sucediendo con su dinero.

¡Qué gran privilegio es ayudar a otros creyentes! Que Dios te prospere y te dé sabiduría sobre cómo compartir ese dinero.

28

Tu futuro está en las manos de Dios

1 Corintios 16:5-12

Después de hablar con tanta convicción acerca de prácticas y doctrinas cristianas, Pablo termina esta carta con un sentido de incertidumbre y dificultad, hablando de su propia vida y sus planes. Lo único seguro aquí es que él va a visitarlos en el futuro:

⁵ Después de pasar por Macedonia, pues tengo que atravesar esa región, iré a verlos.

Pablo quería estar con ellos un buen rato, incluso si eso significaba que tenía que posponer su visita. También quería que ellos lo ayudaran en su viaje. Pero mira como él lo dice:

*⁶ Es **posible** que me quede con ustedes algún tiempo, y **tal vez** pase allí el invierno, para que me ayuden a seguir el viaje a **dondequiera que vaya**. ⁷ Esta vez no quiero verlos sólo de paso; más bien, **espero** permanecer algún tiempo con ustedes, **si el Señor así lo permite**.*

Está bien esperar y desear algo y hacer planes tentativos. Está claro que Pablo estaba pensando en el futuro, pero no hizo planes firmes, y sabía que muchas veces el Señor no nos permite llevar a cabo lo que nos puede parecer bueno. El peligro es estar tan apegado a nuestros planes que no dejamos a Dios la oportunidad de guiarnos. Y luego, en nuestro orgullo, no queremos cambiar, porque puede parecer malo para otros. Pienso en dos escrituras que describen a Pablo y también deberían describirnos.

> *El viento sopla por donde quiere, y lo oyes silbar, aunque ignoras de dónde viene y a dónde va. Lo mismo pasa con todo el que nace del Espíritu* (Juan 3:8).

Los que son guiados por el Espíritu pueden parecer que no saben lo que están haciendo. La gente del mundo no puede entender nuestra forma de vivir.

> *Ahora escuchen esto, ustedes que dicen: «Hoy o mañana iremos a tal o cual ciudad, pasaremos allí un año, haremos negocios y ganaremos dinero». ¡Y eso que ni siquiera saben qué sucederá mañana! ¿Qué es su vida? Ustedes son como la niebla, que aparece por un momento y luego se desvanece. Más bien, debieran decir: «Si el Señor quiere, viviremos y haremos esto o aquello»* (Santiago 4:13-15).

Una puerta abierta

Las puertas se habían abierto de par en par para el trabajo en Éfeso:

> [8] *Pero me quedaré en Éfeso hasta Pentecostés,* [9] *porque se me ha presentado una gran oportunidad para un trabajo eficaz, a pesar de que hay muchos en mi contra.*

Parece una contradicción: quiere quedarse en Éfeso para aprovechar una gran oportunidad para un ministerio eficaz, pero al mismo tiempo hay mucha gente allí en su contra. Para algunos, esa oposición puede significar que es hora de salir de allí, pero la presencia de la oposición no siempre significa una puerta cerrada para ministrar; de hecho, puede ser todo lo contrario. Una gran oportunidad puede ir acompañada de mucha oposición.

Pablo manda a Timoteo

Como él tiene que esperar un buen rato para visitarlos, Pablo les está enviando a su amado "hijo" Timoteo. Pero Pablo no tiene confianza en que esta iglesia que él fundó lo recibirá en el amor cristiano. De hecho, tiene algunas inquietudes.

[10] Si llega Timoteo, procuren que se sienta cómodo entre ustedes, porque él trabaja como yo en la obra del Señor. [11] Por tanto, que nadie lo menosprecie. Ayúdenlo a seguir su viaje en paz para que pueda volver a reunirse conmigo, pues estoy esperándolo junto con los hermanos.

Sus inquietudes:

- Que Timoteo no se sentirá cómodo (DHH: *a gusto*) entre ellos. En inglés, dice que a Timoteo habrá que temerle, o que sea intimidado por ellos. Parece que, posiblemente debido a su falta de experiencia y juventud, los corintios lo van a intimidar.

- Que le van a menospreciar o despreciar.

- Que no le recibirán como un verdadero obrero cristiano.

- Que Timoteo no se vaya en paz de ellos para volver a Pablo.

Apolos se niega a ir

Otra situación rara tiene que ver con Apolos, también asociado de Pablo. Él se negó obstinadamente al ruego de Pablo de visitarlos, diciendo que iría cuando quisiera.

¹²En cuanto a nuestro hermano Apolos, le rogué encarecidamente que en compañía de otros hermanos les hiciera una visita. No quiso de ninguna manera ir ahora, pero lo hará cuando se le presente la oportunidad.

Me gusta pensar en Pablo tan lleno del Espíritu que todo fluyó muy bien para él; que él siempre recibió el consejo del Señor sobre qué hacer y adónde ir. Nos gusta el control y la previsibilidad, pero cuando sirves al Señor no los tendrás. Pienso en las palabras de Jesús en Mateo 8:19-20:

> *Se le acercó un maestro de la ley y le dijo: — Maestro, te seguiré a dondequiera que vayas. — Las zorras tienen madrigueras y las aves tienen nidos —le respondió Jesús—, pero el Hijo del hombre no tiene dónde recostar la cabeza.*

¡No tenemos el control!

Claro que queremos que todo vaya bien para aquellos que hemos discipulado y ayudado en el ministerio. ¡Pero Timoteo enfrentó el prejuicio, el maltrato y el rechazo de una iglesia que Pablo fundó y supervisó! Y Apolos fue abiertamente rebelde a sus deseos. Pablo no tenía control sobre los corintios, Timoteo o Apolos. Tendemos a buscar el control en la iglesia y el hogar para que todo vaya bien y se honre al Señor. Creemos que es nuestra responsabilidad como esposos, padres y pastores garantizar que todo se haga correctamente. Pero no tenemos ese control. Lo que tenemos es influencia. Pablo tenía gran influencia, derivada de su integridad y experiencia con los corintios, pero al final, tenemos que dejar los resultados en manos del Señor.

Si te encuentras en las "tinieblas", sin la claridad que buscabas, yo creo que el Señor quiere animarte con esta palabra. Otros incluso digan que estás confuso. O puedes ser como Timoteo, menospreciado y despreciado por la iglesia. ¡No dejes que esas experiencias te desanimen ni te impidan ser obediente al Señor! Ten cuidado de no ser como Apolos y luchar contra lo que hermanos maduros en el Señor te animan a hacer. Y, a pesar de todo lo que pueda estar en tu contra, si el Señor te ha dado una puerta abierta, ¡sigue ministrando!

29

Pórtate varonilmente

1 Corintios 16:13-24

Pablo termina esta carta con tres consejos que pueden transformar tu vida:

1. Pórtate varonilmente

13 Manténganse alerta; permanezcan firmes en la fe; sean valientes y fuertes. 14 Hagan todo con amor.

- La traducción en la NVI suena mejor para el siglo XXI: *sean valientes.* Pero el griego dice: *sean hombres.* Y me gusta la traducción de la RVR: *portaos varonilmente.*
  - Pablo lo escribe porque él sabe que es posible que un cristiano no sea un hombre, sino que abdique de su posición y autoridad como varón. Sabe que hay muchas tentaciones que pueden quitar la valentía y el machismo auténtico. Un verdadero hombre es un hombre de Dios.
  - Varonil significa: con características que se suponen propias de los varones. El reto para nosotros es determinar cuáles de esas características son propias para un varón cristiano. Una es valentía. Deja la cobardía y la timidez. Levántate, ¡y sé un hombre!

- Mantente alerta. Vigila. Dios nos llama como hombres a proteger a nuestras familias, vigilando cualquier peligro, ya sea un ataque espiritual o una amenaza física.
  - o Sé vigilante respecto a los compañeros y actividades de tus hijos.
  - o Guárdate de las tentaciones con otras mujeres, la pornografía y la influencia impía del mundo en tu hogar.
  - o Si eres pastor, guarda el rebaño de los lobos que quieren devorar las ovejas.

- Permanece firme en la fe.
  - o Son dos palabras importantes: permanecer y firmes. Necesitamos esa firmeza frente a toda la presión del mundo y las muchas cosas que pueden quebrantar nuestra fe. Muchos hombres son débiles, vacilando, sin ningún fundamento firme. Parece que los valores de sus padres y el machismo tradicional ya no sirven. Solo permaneceremos si estamos fundados en una relación con Dios y su revelación en la Biblia sobre cómo vivir.
  - o Como hombres, Dios nos llama a ser las columnas de la sociedad. Nosotros somos los que debemos impartir fuerza a nuestras mujeres y familias. Lamentablemente, muchas veces buscamos esa fuerza en la mujer.
  - o Con todos los cambios en el mundo, más que nunca necesitamos a hombres que permanezcan firmes en su fe.

- Sé fuerte.
  - No puedes simplemente mandar a alguien que sea fuerte. Dios nos llama a fortalecernos, a crecer en nuestra fuerza, y nos da los medios para hacerlo: alentarnos en la Palabra, en oración y en compañerismo.
  - El ejercicio nos fortalece; hay que siempre ejercer nuestra fe, poniendo en práctica lo que creemos.
  - Es difícil para un hombre confesar cualquier debilidad o necesidad, pero es un hombre fuerte que puede honestamente confesar sus debilidades a Dios y, esperando en Él, renovar su fuerza.
  - El concepto del hombre ideal es un hombre fortalecido física, emocional y espiritualmente. En el mundo, eso puede significar que un hombre no llora, pelea o domina a su mujer, pero el varón de Dios sigue el ejemplo de Jesucristo.
  - Ningún hombre quiere ser conocido como débil. Muchos dedican mucho tiempo y dinero al gimnasio y a hacer ejercicio para fortalecerse físicamente. Qué lástima que no dedicamos los mismos esfuerzos a crecer espiritual y emocionalmente. La verdad es que es más fácil levantar pesas que arrodillarse.

- Hazlo todo con amor. Es fácil pensar en un hombre como amoroso con su mujer. Pero Dios nos llama a amar verdaderamente en todo lo que hacemos, conforme al amor sacrificial de Jesucristo, que fue a la cruz por nosotros. Dios es amor, y un verdadero hombre es un hombre de amor. Si ponemos en práctica este mandato sencillo, ¡imagina el impacto en nuestras vidas, nuestros hogares y nuestras iglesias!

2. Un verdadero hombre es un siervo que sabe cuándo someterse y cómo ejercer la autoridad.

[15] Bien saben que los de la familia de Estéfanas fueron los primeros convertidos de Acaya, y que se han dedicado a servir a los creyentes. Les recomiendo, hermanos, [16] que se pongan a disposición de aquéllos y de todo el que colabore en este arduo trabajo. [17] Me alegré cuando llegaron Estéfanas, Fortunato y Acaico, porque ellos han suplido lo que ustedes no podían darme, [18] ya que han tranquilizado mi espíritu y también el de ustedes. Tales personas merecen que se les exprese reconocimiento.

- Dedícate a ti mismo para servir al pueblo de Dios, como hicieron estos colaboradores de Pablo. No busques posición ni utilices a otros para tu beneficio, sino que, como siervo, sigue el modelo y el mandato del Señor Jesús. La persona a la que te sometes debe tener el corazón de un siervo.

- Ubícate en el flujo de la autoridad de Dios, de modo que tengas autoridad en tu hogar, tu iglesia y tu mundo.
  - o Ponte a disposición de todos los que colaboran en la obra del Señor (RVR: *Os ruego que os sujetéis a personas como ellos, y a todos los que ayudan y trabajan;* DHH: *que se sometan.*)
  - o Hay una diferencia entre sujetarse y ponerse a disposición. Sujetarse es difícil, pero es bíblico.
  - o El Señor nos llama a honrar y someternos a aquellos que son sus verdaderos siervos, que no

exigen la sumisión de nadie. Parte de esa sumisión es colaborar con ellos.

o Necesitamos discernimiento para determinar a quién vamos a someternos. Aquí Pablo confirma que estos se lo merecen. Si no estás seguro, pregúntale a alguien con autoridad sobre la iglesia si la persona merece tu sumisión.

- En lugar de quitar fuerza a otros, busca maneras de suplir sus necesidades y tranquilizar su espíritu, o traer refrigerio a su espíritu. Pídele a Dios que Él te dé esa oportunidad.
  o ¿Cómo te han refrescado o vivificado otros? ¿Cómo puedes refrescar el espíritu de otros?
  o Pablo dice que se alegró cuando llegaron y lo ministraron de esa manera. ¡La gente se alegrará cuando tú llegues, porque te conocerá como alguien refrescante!

- Reconoce a los que lo merecen, a los que sirven al Señor y a otros. Muchas veces los que no lo merecen lo reciben, y los que realmente lo merecen no lo reciben.
  o Es delicado, porque puede causar celos en la iglesia. A veces tememos que ese reconocimiento le haga sentir orgulloso. Busca a Dios formas apropiadas de reconocer a tus hermanos.
  o Si alguien te ha ministrado, ¡dile gracias!
  o ¡No tengas miedo de afirmar y animar demasiado a otros! No lo haces para ser popular, pero si tú reconoces a otros, establecerás una buena relación con ellos. Todos necesitan y quieren afirmación.

3. Un verdadero hombre valora sus relaciones con otras personas.

¹⁹ Las iglesias de la provincia de Asia les mandan saludos. Aquila y Priscila los saludan cordialmente en el Señor, como también la iglesia que se reúne en la casa de ellos. ²⁰ Todos los hermanos les mandan saludos. Salúdense unos a otros con un beso santo.

²¹ Yo, Pablo, escribo este saludo de mi puño y letra. ²² Si alguno no ama al Señor, quede bajo maldición. ¡Marana ta! ²³ Que la gracia del Señor Jesús sea con ustedes. ²⁴ Los amo a todos ustedes en Cristo Jesús. Amén.

No es fácil para los hombres mantener relaciones, pero un verdadero hombre ha aprendido el valor de las relaciones y las da una prioridad adecuada. Podemos aprender mucho de las mujeres y sus amistades. Es fácil para un joven destruir relaciones y encontrarse solo cuando llega a la mediana edad.

- Sé cariñoso y caluroso, y no frío: Priscila y Aquila los saludan cordialmente y con un beso santo. Las últimas palabras de Pablo son una afirmación de su amor. Nuestro compañerismo en el cuerpo de Cristo debe ser cariñoso y afectuoso.

- Mantente en comunicación con cristianos de todo el mundo. Pablo escribió muchas cartas. Hoy escribimos muy pocas, pero hay muchas formas de comunicar gratis: WhatsApp, Facebook Messenger, mensajes de texto y correo electrónico. Establece comunicación con iglesias en otras culturas y países. Si dices que estarás en contacto, mantén tu palabra. Somos parte de una hermandad mundial. ¡Disfrútala!

- Abre tu casa para que sea usada por el Señor. Aquí, Priscila y Aquila (tal vez la pareja más famosa del Nuevo

Testamento y la única pareja ministerial) pastoreaban juntos una iglesia en su hogar.

Al mantener esa comunión, también tenemos en cuenta estas realidades.

- Tu amor por Jesús es aún más importante que tu amor por otros, tan importante que Pablo dice que quien no ama a Jesús permanece bajo una maldición. ¡Esas son palabras fuertes! Claro que amamos a todos, pero hay una diferencia profunda entre nuestros hermanos y aquellos que no conocen a Jesús. ¡Tenemos que ofrecerles liberación de esa maldición!

- Aunque podemos estar separados de otros hermanos en este mundo caído, tenemos la esperanza de un reino venidero. Nuestro clamor es el de esos creyentes, Marana ta (en arameo), que significa "ven, Señor".

- Es bueno caminar en comunión con nuestros hermanos, pero es la gracia de Dios lo que lo hace posible. DHH dice: *que el Señor Jesús derrame su gracia sobre ustedes.* No quiero solo la gracia conmigo, la quiero derramada sobre mi vida. Es mi oración por tu vida.

Así que terminamos nuestro estudio de 1 Corintios con estos tres consejos:

1. Pórtate varonilmente.

2. Sé un siervo, que sabe cuándo someterse y cómo ejercer la autoridad.

3. Mantén la comunión con los demás.